JN146734

消滅遺産

もう見られない世界の偉大な建造物

NATIONAL
GEOGRAPHIC

消滅遺産　もう見られない世界の偉大な建造物　もくじ

はじめに

世界では多くの建造物が日々建てられ、壊されている。ごく簡単な小屋もあれば、巨大なビルもあるだろう。人間の生活に従い、建造物は形を変え、アップデートしている。

建造物のなかには、古くから存在し、これからも長く残したいものがある。神殿や神仏像といった宗教的建造物、権力者が建てた豪華な宮殿やモニュメント、喜ばしい出来事や不幸な事件を記憶に留めるために長く保存したいものなどだ。そうした建造物の多くはユネスコの世界遺産に登録されているが、国や地域によってはそうでない場所もある。

本書では、長く人類が保存したい建造物や、建設当時とは姿が異なってしまった大がかりな建造物のうち、今現在、現地へ足を運んでも見られないものを基準に取り上げた。また、現地へ赴くことも難しい場所で、今まさに消滅の危機に瀕している建造物についても取り上げている。

例えば、バーミヤーンの大仏が粉々に爆破されてしまったことは記憶に新しい。一方で記憶からも失われてしまった、一四〇年ほど前に燃え落ちた万博会場ガーデンパレスのようなものもある。古代の遺跡が多く残る中東地域では、よく知られたパルミラのような遺跡ですら消滅の危機にさらされている。

失われる理由は武力や自然災害だけではない。北京城壁のように、都市計画によって失われることもある。その結果、完全に失われる以外に、幸いにも一部が残っているもの、オリジナルは失われたが再建・復元によって往時を偲ぶことができるものなど、状態はさまざまだ。ただしそれは、今後失われないことを意味するものではない。本書では、写真で確認できるかつての姿を紹介している。

本書を読み進めるうちに、千年を超える年月を耐えてきたものですら、一瞬にして失われてしまうのだと暗澹たる気分になるかもしれない。だが残された写真を見ることで、かつてのありようを知り、記憶に残すことができる。さらに今後数年から数十年たてば、元のように再建されるものもあるはずだ。技術の進歩がバルセロナに建設中のサグラダファミリアの完成予想を早めたように、精度の高い復元を可能にする未来があるかもしれない。復元と保存の努力については、巻末の解説をぜひお読みいただきたい。

なお候補として検討しながら、惜しくも写真がないために今回は取り上げられなかった場所がある。

各パート内の順番は、おおまかに新しいものから古い時代へと並んでいる。例外や起源が明らかでないものもあるためおよその目安となるが、各パートを進むほどに、建造年を遡っていくことになる。つまり、より長く歴史を生き延びてきたが、近年失われたということだ。

とはいえ、難しいことを考える必要はない。タイムマシンに乗って旅するように、偉大な建築物のかつての姿をめぐっていただきたい。

そしてできれば、今残されている遺産が失われないように祈りたい。

シドニー万博の会場、ガーデンパレス。
1879年。

i

永遠に失われた
偉大な建築

現在見られる古い建造物は、「残った」ものだ。
解体や災害など、さまざまな理由により
この世界から完全に消えてしまったもののほうが、
残ったものよりも多い。
消えてしまったもののうち、
写真で当時を知ることができるものを紹介する。

ボザール様式の傑作のひとつだった駅舎。

Chapter 01 | Pennsylvania Station

古代神殿さながらの美しい駅舎

ペンシルベニア駅旧駅舎

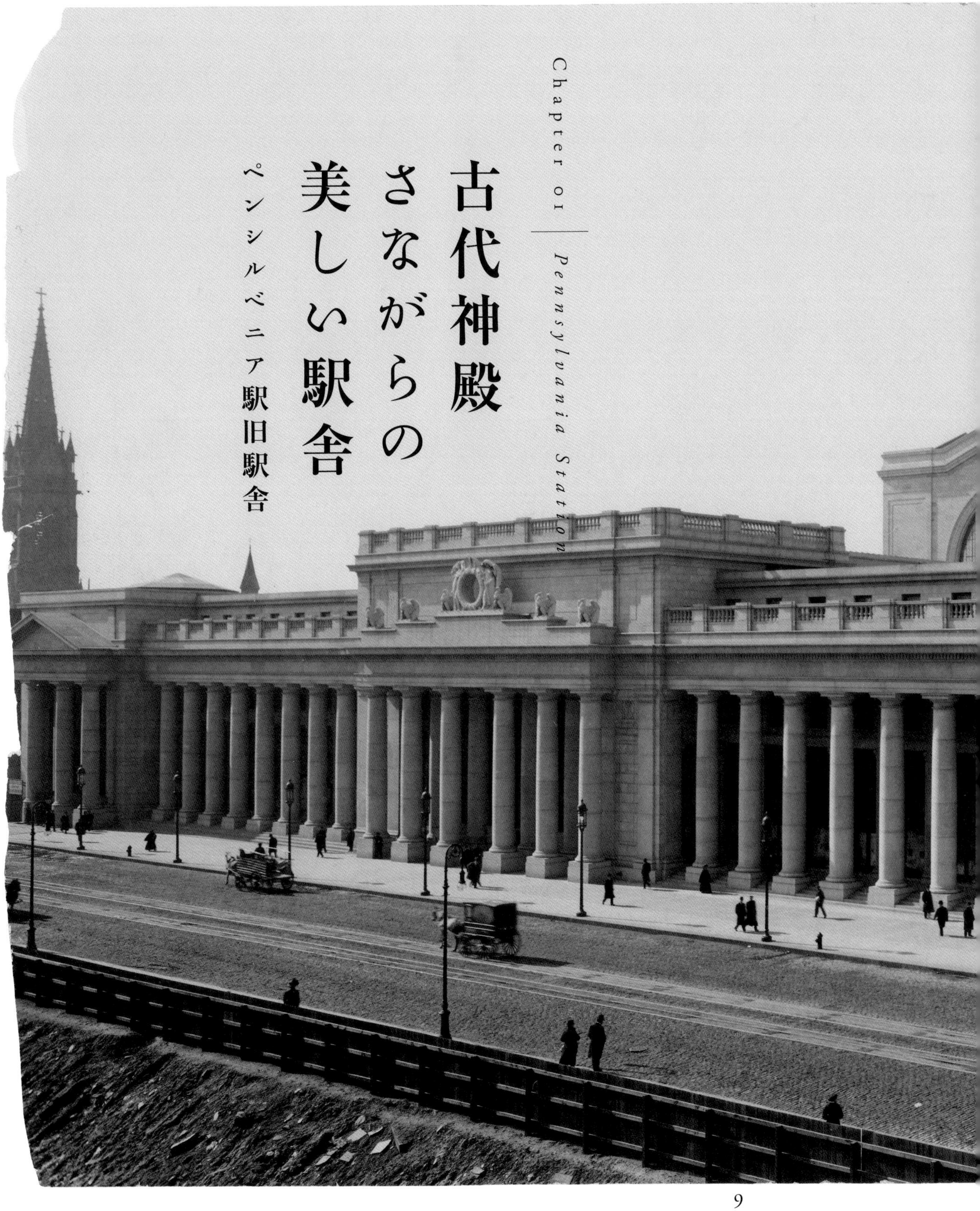

ペンシルベニア駅旧駅舎

九年かかった工事を終え、ニューヨークのペンシルベニア駅がやっと市民に公開された。一九一〇年一一月二七日のことだ。駅舎はパリの国立美術学校ボザールで学んだ米人建築家が母国に持ち帰った「ボザール様式」の傑作とされた。この様式の代表であるパリのオルセー駅（現オルセー美術館）や、ベルリンのブランデンブルク門や古代ローマの公共建築も参考にして設計された。

薄ピンクの花崗岩の壁の前に八四本の柱が並ぶ正面はまるでギリシャ神殿のようで、ガラスと鉄を大胆に組み合わせた内装も劣らず荘厳だ。アーチ型天井は高さ五〇メートル近くあり、ローマのカラカラ浴場を参考にした中央ホールはバチカンのサンピエトロ大聖堂の身廊より広く、世界最大の公共空間となった。世界の大都市として躍り出たニューヨークにふさわしい豪華な駅が完成したのだ。

ここから毎日、シカゴやセントルイス、乗り換えを経由してマイアミや西部に向けて客が旅立った。ピーク時の一九四五年頃には年間一億人がこの駅を通過した。

しかし一九五〇年代末になると、時代は汽車から飛行機へと移る。州間ハイウエイの整備も進み、鉄道の乗客数は極端に減ってしまった。駅舎の維持費は高騰し、建て替え案が浮上する。

しかしこの駅舎を取り壊すことに世界中から反対運動が起きた。モダニズム建築家の中には、ごてごてしたボザール様式は自分の様式に反すると承知しながらも、この宝物を救う運動の先頭に立つ者もいた。

結局は一九六三年に解体され、マディソン・スクエア・ガーデンとペンシルベニア・プラザとを共有する駅舎が新たに建ったが、古い駅舎を惜しむ声は絶えない。しかしこの時の運動をきっかけとして歴史的建造物の保護運動が活発になり、取り壊しが検討されていたグランド・セントラル駅は保存されることになった。

カラカラ浴場を参考にしたという中央ホール。

建設間もない頃の駅内部。

場所	米国、ニューヨーク州
建造年	1910年
消失の年	1963年
原因	再開発
再建の可能性	なし

ペンシルベニア駅 現在の姿

2017年のペンシルベニア駅。

◄西ベルリン側から見たベルリンの壁。壁の向こうにブランデンブルク門が見える。

Chapter 02 | *Berlin Wall*

大都市を分断した壁

ベルリンの壁

場所	ドイツ、ベルリン
建造年	1961年
消失の年	1989年
原因	市民による破壊
再建の可能性	なし

ACHTUNG !
Sie verlassen jetzt
WEST-BERLIN

ベルリンの壁

第二次世界大戦末期の一九四五年四月三〇日、ナチス総統のアドルフ・ヒトラーは地下壕で自殺する。五月八日にドイツは無条件降伏し、第二次世界大戦のヨーロッパ戦線は終結した。ドイツは戦後の世界に歩み出した。

中央政府は消滅し、ドイツは戦勝国（米英仏ソ）によって分割統治されることになった。しかし冷戦時代、米国とソ連の対立は激化し、一九四九年にドイツは自由主義陣営に属する「西ドイツ」と社会主義陣営に属する「東ドイツ」に分裂してしまう。首都ベルリンは終戦直後に戦勝四カ国に分けられたが、地理的には東ドイツ内に位置する。つまり自由陣営に属す西ベルリンは、東ドイツに囲まれた飛び地だった。

西ベルリンと東ベルリンの行き来は自由だったので、西ベルリンを経由して「西側」（自由主義陣営側）に亡命する東ドイツ人が続出した。一九四九～一九六一年の一三年間に二八〇万人以上が東ドイツから西ドイツへ流出したとされるが、その多くは西ベルリン経由だった。医師や技術者など国の発展に寄与すべき人材や、二五歳以下の若者が多く含まれていた。

危機感を抱いた東ドイツ政府は一九六一年八月一三日午前〇時、突然西ベルリンを包囲し、東西ベルリン間四八キロ、そして西ベルリンと東ドイツが接する分割境界線一五五キロの通行をすべて遮断し、有刺鉄線を張り巡らせた。この包囲は一夜で完成し、二日後にはコンクリートの壁の建設が始まった。東西ベルリン市民の交流は不可能となり、多くの家族や友人が一夜にして引き裂かれた。

これ以降、壁を越えて西ベルリンに逃れようとする者があとを絶たなかった。一九六一年から一九八八年までに約五〇〇〇人がベルリンの壁を乗り越えたとされるが、見つかって射殺された人も多い。その数は正確に把握されていないが、二〇〇～七〇〇人と推定されている。

一九八九年になると民主化の波が東欧を巻き込む。一一月九日、東ドイツ政府の不用意な発言から、東ベルリン市民が壁の前の国境検問所に殺到した。

現在の姿
ベルリンの壁

壁がない状態のブランデンブルク門。

彼らの要求に応じてゲートは開かれ、数万人の東ベルリン市民が西ベルリンに流れ込んだ。西ベルリン側では多くの市民が拍手と歓声で彼らを出迎え、祝いの花や酒を片手に抱き合ったり、一緒に踊ったり、紙吹雪をまき散らしたりした。西ベルリン市民も東ベルリン市民も壁によじ登り、ハンマーや建設機械を使って壁を壊し始めた。この大騒ぎは三日三晩続いた。ベルリンの壁の崩壊とともにドイツ民主共和国（東ドイツ）も終焉を迎えた。

統一後のドイツ国内では一時期、ドイツ分裂を象徴する負の遺産として世界遺産に登録する動きもあった。

1989年に撮影された。ぎっしりと増築されてきた九龍城砦のようすがわかる。

Chapter 03

Kowloon Walled City

巨大なスラム・ビル

九龍城砦

九龍城砦

二〇世紀末まで、香港の九龍に「無法地帯」とも呼ばれた巨大なスラムがあった。

そもそもは宋代（九六〇〜一二七九年）に塩田があったことからこの地域に兵が駐屯していた。一六六八年に砦《とりで》として九龍烽火台が設置される。一九世紀に入ると、英国が香港を植民地化していく。列強の脅威にさらされた清は、一八四七年に本格的な城砦を築き、これが名称の由来となった。

一八九八年の条約で香港の大部分が英国の租借地となったが、九龍城砦は例外的に清朝の一部にとどまった。九龍城砦を接収したい香港当局と中国側の綱引きが繰り返され、軍や官吏が不在となり、九龍城砦は英国・清どちらの統治も法も及ばない空白地帯となる。

第二次大戦、中国内戦、文化大革命と、九龍城砦には多くの難民がなだれ込み、人口が増え続けた。

こうして城砦の跡には、鉄筋コンクリート造りの高層集合住宅群が出現し、無計画な増築によるスラムがどんどん膨れ上がった。一九九〇年代初頭には、わずか二〇〇メートル×一三〇メートル程度の土地に、五万人がひしめき合って暮らしていた。畳一枚のスペースに三人が寝起きしていた計算になる。

高さ制限以外、建築に関する法律は全て無視され、建物は折り重なり、日の光が一日中入らない部屋や窓のない部屋は普通だった。細い街路は迷路と化し、「九龍城に踏み込むと、出るのは不可能」といわれるようになった。

行政権が及ばなかったために売春や薬物売買、賭博、その他違法行為が行われる「無法地帯」として知られるようになった。一方で住民の間にはコミュニティーが発達し、学校や病院が設けられ、自警団が治安の改善を図り、日常生活が営まれる場でもあった。

一九八七年に香港政府は取り壊し計画を発表し、一九九三年から一九九四年にかけて工事が行われた。一九九五年一二月に九龍寨城公園が開園した。

九龍城砦現在の姿

九龍城砦の跡地は九龍寨城公園となっている。園内にはかつての九龍城砦をしのばせるモニュメントがある。

場所	中国、香港
建造年	不明
解体の年	1993〜1994年
原因	環境整備のため取り壊し
再建の可能性	なし

Chapter 04

Rossiya Hotel

ソビエト時代の巨大ホテル

ホテルロシア

1980年代のホテル入口。

ホテルロシア

赤の広場に隣接するモスクワの一等地に一九四七年以来、放置されたままの土地があった。スターリン独裁時代、古い民家を壊し超高層の行政庁舎ビルを建てるはずだった土地だ。スターリンの死後、その計画は断念された。

一九六四年、ソビエト連邦の第一書記長フルシチョフはここに大型高級ホテル「ホテルロシア」を建てると表明した。ソ連内外の共産党高官たち、モスクワを訪れる地方代表団、外国人が利用する世界で最も大きく、最もモダンなホテルにすると意気込んだ。ホテル・ロシアはソビエト革命五〇周年を祝う一九六七年に完成した。

床面積は約四万平方メートル。客室数は約三〇〇〇。七〇〇〇人収容できるレストラン、両替所、郵便局、ヘルスクラブ、ナイトクラブ、映画館、二五〇〇席ある国立中央コンサートホール、噂では警察署と独房まであるとのことだった。この二一階建てのホテルは近隣のクレムリンも聖ワシリイ大聖堂のドームもしのぐ高さだった。

しかしホテルの前途はバラ色ではなかった。一九七七年には大規模な火災が発生し、少なくとも四二人が死亡、五〇人以上が負傷した。宿泊客の行動を管理しやすくするため出入り口が少なく設計されていたことが被害を増加させたとの指摘もあった。

オープン当時は話題の的だったホテルロシアだったが、その要塞のような外見は次第に流行遅れとなる。管理が行き届かないため衛生面での問題も生じた。モスクワの歴史的景観にそぐわない、一等地が有効活用されていないなどの批判も起こり、ホテルロシアは二〇〇六年に閉館、解体された。

この土地はまたもや一〇年近く空き地となったが、二〇一七年九月、ここに新しい公園がオープンした。劇場やアトラクション施設も備え、プーチン大統領の主導で進められた計画だ。時代は移っていく。

聖ワシリイ大聖堂の奥に、建設中のホテルロシアが見える。

モダンな室内から、クレムリンのスパスカヤ塔を望む。

場所	ロシア、モスクワ
建造年	1967年
消失の年	2006年
原因	解体
再建の可能性	なし

ホテルロシア　現在の姿

ホテルの跡地に、2017年9月にオープンしたザリャジエ公園。
劇場やコンサートホール、アトラクションなどを備えている。

Chapter 05 | Garden Palace

火事で失われた万博会場

ガーデンパレス

ロンドンの水晶宮に並ぶ建物と称されたが、1882年の火災によって失われた。

ガーデンパレス

一九世紀末、世界の先進国は競って万国博覧会を開催した。自国の経済力、工業や製造業の威力、農業の豊かさ、工芸や芸術を世界に示す絶好の機会だったのだ。一八五一年、世界で初めての万博がロンドンで開催されてから、ニューヨーク、ウィーンなどが続いた。

一八七九年、南半球で初めての万国博覧会がシドニーで開催された。当時オーストラリアはゴールドラッシュを経て、大きな経済成長を遂げていた。

一八五一年のロンドン博では水晶宮、一八八九年のパリ博ではエッフェル塔と、象徴となる建築物が毎回建てられたが、シドニー万博ではガーデンパレスという建物が設けられた。ガーデンパレスはロンドンの水晶宮（一九三六年に焼失）を模したもので、鉄やガラスを駆使した十字架の形をした大聖堂のような建物だ。建物全体の長さは二四四メートル、中央のドームは直径三〇メートル、高さ六五メートル、十字架の端にある四本のタワーはシドニーのごこからも見えたそうだ。

二〇〇〇人の労働者が八カ月という短期間でこの巨大な建物を完成させた。初めて建築現場で電気照明が使用され、そのおかげで二四時間作業することが可能となった。タワーのひとつにはシドニー初の油圧エレベーターが設置された。

シドニー博は一八七九年九月一七日に開会し、七カ月の間に一〇〇万人が訪れた。万博後は政府機関の事務所として使用されたり、晩餐会、会議所、展覧会が催されたりした。

しかし一八八二年九月二二日の早朝、ガーデンパレスは火に包まれ、数時間で全焼してしまった。木材を多く使用していたために火の回りが早く、地下に貯蔵された多くの公文書、先住民アボリジニの工芸品などが失われた。放火の疑いが強いが、解明されていない。

◀内部の様子。西棟と東棟が交差する中央に、ビクトリア英女王の像が立っているのが見える。

THE EARTH IS THE LORD'S
THOMAS WEBB & SONS.
STOURBRIDGE ENGLAND.
GLASS WORKS
THOMAS WEBB & SONS.
SHOW ROOMS. SYDNEY. BOND STREET.

日本部門の出展の様子を描いた当時のイラスト。

シドニー博の翌年、一八八〇年にはメルボルンで万博が開かれ、このために建てられた王立展示館はユネスコの世界遺産に登録された。ガーデンパレスの原型であるロンドンの水晶宮は火事で失われても語り継がれているが、悲しいことにシドニーのガーデンパレスは忘れ去られてしまっている。

場所	オーストラリア、シドニー
建造年	1879年
焼失の年	1882年
原因	火災
再建の可能性	なし

ガーデンパレス 現在の姿

ガーデンパレスがあった場所は、現在では海に臨む植物園になっている。

Chapter 06 Amber Room

行方不明となった宝石でできた部屋

琥珀の間

エカテリーナ宮殿にあった当時の様子。
1930年代の撮影。

琥珀の間

プロイセンのフリードリヒ一世が妃のために、宮殿に琥珀《こはく》をちりばめた部屋を作らせたのは一七〇一年のことだ。プロイセンを訪れたロシアのピョートル大帝はこれをたいそう気に入り、フリードリヒ・ヴィルヘルム一世は大帝に譲ることにした。ロシアとの同盟を強化する心算があったのだ。一七一六年、琥珀の間は解体されサンクトペテルブルクに送られた。

一七五五年、エカテリーナ二世は琥珀の間をサンクトペテルブルク近郊のツァールスコエ・セロー（現プーシキン）にあるエカテリーナ宮殿に移した。金や鏡の装飾が加えられ、琥珀の間はさらに豪華なものとなった。合計六トン以上の琥珀が使われ、現在の貨幣価値で一億四二〇〇万ドルから五億ドルすると見積もられている。世界八番目の不思議とも呼ばれた琥珀の間は一九四一年までここで守られていた。

一九四一年六月に独ソ戦が勃発する。九月にナチス・ドイツ軍はプーシキンを占拠し、琥珀の間をドイツの手に奪い返した。三六時間あまりで琥珀の間を解体し、当時ドイツの都市だったケーニヒスベルク（現カリーニングラード）に送り、ケーニヒスベルク城の博物館に再構築した。

しかし戦局が劣勢になると、一九四四年にドイツ司令部は琥珀の間を解体し、いずこかへと運び出した。翌年、ケーニヒスベルク城は連合軍の空爆で破壊され、四月にソ連軍がケーニヒスベルクを占拠する。しかし琥珀の間の痕跡はどこにもなく、それ以来、琥珀の間は行方不明となっている。

一体、琥珀の間はどこへ消えたのか。空爆の際、琥珀の間も焼失したというのが一般的な説だ。城の地下に隠されたままだとの説もある。しかし琥珀は高温に耐えられないので、その場合、地下で崩壊した可能性が高い。

二〇〇三年、古いスケッチや白黒写真を頼りに、新たな琥珀の間がサンクトペテルブルクに再現された。

琥珀の間 現在の姿

24年をかけて復元され、2003年に披露された琥珀の間。

場所	ロシア、サンクトペテルブルク近郊
建造年	1701年
消失の年	1944年
原因	行方不明
再建の可能性	2003年に復元

Chapter 07

Beijing City Wall

紫禁城を幾重にも囲む巨大城壁

北京城壁

1895年頃の外城の城壁。写真に写っている大きな建物は東便門に隣接する角楼で、唯一北京に現存する角楼でもある。

北京城壁

中国の城壁といえば異民族を防いだ万里の長城や、都城の守りである西安や平遙などの巨大な城壁が有名だ。ところが幾度も首都となった北京にはそのような城壁は見当たらない。じつは北京も二〇世紀半ばまでは四方を立派な城壁で囲われていた。

明の永楽帝は一四〇三年に北京を首都と定め、元が築いた大都を基礎として都を整備した。明・清の時代を通じて都は発展し、城壁は増改築が繰り返されてきた。

北京は行政の区域である内城と、商業や庶民の生活空間であった外城それぞれが大きな城壁で囲われていた。内城には皇帝の居城であり行政の中心である紫禁城、皇族の住居や役所がある皇城がある。外城は内城の南側に張り出しているので、上空から見ると城壁は凸の字型に見える。

内城の壁は高さ一一メートル前後、城壁上の幅は広いところで一九メートルもあり、煉瓦で舗装されていた。外城の高さは七メートル前後と内城よりもやや低かった。内外両城壁の全長は三八キロ近くにも及んだという。見張り塔、塔門、甕城《おうじょう》（半円状に張り出した城壁）、水門などが備わり、厳重な防衛体制が敷かれていた。

しかし一九一一年に清王朝が滅亡すると、城壁は徐々に失われていく。辛亥革命（一九一一～一九一二年）でいくつかの門が焼け落ちた。その後も時代が下るに従い、道路や鉄道の整備や都市計画により、壁や城門の楼閣が撤去されていった。

1930年代に撮影された、外城の城壁と甕城。►

北京城壁

崇文門から西側に延びる城壁。画面右側が内城、左側が外城。

一九四九年に中華人民共和国が成立すると、ついに城壁は全面的に取り壊される。跡地はそのまま道路に転用され、その一部には現在、環状道路の二環路が走っている。城壁は上を馬車が通ることができたほどで、底の厚みは二〇メートルもあり、自動車道としても申し分なかった。

今に残る北京城壁は、わずかに崇文門から東南角楼までの全長一・五キロだけとなった。内城に九つ、外城に七つあった門のうち現存するのは故宮の真南にある正陽門と、北西の徳勝門のみだ。

北京城壁 現在の姿

内城の城壁があった場所には、現在道路が通っている。

場所	中国、北京市
建造年	15世紀
消失・損壊等の年	1911年〜1960年代
原因	都市整備
再建の可能性	なし。一部城門は復元されている

◀中世の面影を残すケーニヒスベルク城。1900年頃の撮影。

Chapter 08 | *Konigsberg Castle*

歴史ある城の跡に建てられた廃墟

ケーニヒスベルク城

場所	ロシア、カリーニングラード
建造年	1255年
解体の年	1969年
原因	空爆とその後の取り壊し
再建の可能性	未定

港湾都市ケーニヒスベルク。ハンザ同盟のもと繁栄し、名門大学を擁していた。1938年頃の撮影。ケーニヒスベルク城の塔が見える。

ケーニヒスベルク城

バルト海に面するケーニヒスベルクは中世の面影が残る美しい街だった。その歴史は一三世紀までさかのぼり、ドイツ騎士団によって一二五五年に基礎が築かれたケーニヒスベルグ城は市民の誇りだった。一九世紀当時の大広間は、ベルサイユ宮殿の鏡の間をしのぐ広さだったと伝えられている。

ケーニヒスベルクの発展に欠かせない存在は港だ。南東バルト海地域における重要な貿易港であり、主要な海軍基地としての役割も果たしてきた。一三四〇年にハンザ同盟に加わることで街はより豊かになっていく。

宗教改革の波を受け、プロテスタントの君主によるプロイセン公国が一五二五年に誕生すると、ケーニヒスベルクはその首都となり、大学が設立された。ケーニヒスベルクは文化面でもヨーロッパをリードし、数学者オイラー、哲学者カント、作家ホフマンなどを輩出した。カントは生涯、生地ケーニヒスベルクから遠く離れなかったというエピソードで知られる逸話をもつほどで、ケーニヒスベルク大学で教鞭をとり、没後はケーニヒスベルク大聖堂に接する霊廟に眠る。

第二次世界大戦末期、ケーニヒスベルクは連合軍による激しい空爆を受け、街の大部分が破壊された。一九四五年四月、ソビエト軍によって陥落。不凍港を求めるソビエトにとってケーニヒスベルクはまさに垂涎の地だった。

ソビエト連邦の飛び地領として再建されることになり、名前もカリーニングラードに変更された。赤いレンガ造りの落ち着いた街はコンクリート仕立ての無機質な軍港に生まれ変わった。

ドイツの過去を払拭するため一九六九年に城は跡形もなく壊され、跡地に「ソビエトの家」という地区共産党本部が建設されることになった。しかし工事が始まると緩い地盤のせいで徐々に沈下してしまい、以降、未完成のまま不気味な廃墟となっている。この建物は地元で「ケーニヒスベルクの呪い」とも呼ばれているそうだ。

ケーニヒスベルク城跡地現在の姿

廃墟のまま放置されている「ソビエトの家」。ケーニヒスベルク城の跡地に立っている。

高さ38mの東大仏。6世紀後半の建立。

Chapter 09 | Statues of Buddha in Bamyan

一五〇〇年も立ちつづけた石仏

バーミヤーンの大仏

バーミヤーンの大仏

高さが55mと、世界最大の立像だった西大仏。6〜7世紀の建立。

アフガニスタンの首都カーブルの北西に位置するバーミヤーン渓谷の岩肌を掘り抜いて、巨大な仏像が作られたのは六〜七世紀頃。西の大仏は高さ五五メートル、東の大仏は三八メートルと世界で最も高い立像だった。しかし二〇〇一年、ターリバーンによって二体とも破壊されてしまった。

アフガニスタンに仏教が広まったのは紀元前三世紀中頃のことだ。およそ一〇〇年後（紀元前二世紀以降）に仏像が作られるようになった。巨大な仏像が建立された背景には弥勒菩薩信仰があったようで、当時弥勒菩薩の身長は四〇メートルだと信じられていたのだ。

バーミヤーンは六世紀から七世紀にかけて、仏都としても、東西を結ぶ交易路の要衝としても繁栄を極めた。六三〇年ころ唐の僧侶、玄奘三蔵（西遊記に登場する三蔵法師）はバーミヤーンの王に迎えられこの地を訪れている。玄奘は当時のバーミヤーンの姿を『大唐西域記』に記しており、二体の大仏は美しく装飾され、ことに西の大仏は金色に輝いていたことが描かれている。

一九九八年までにターリバーンはバーミヤーンを占領し、二〇〇一年二月二六日にイスラムの偶像崇拝禁止に反しているとして大仏の破壊を発表した。各国政府や国際機関、イスラム指導者たちから批判が寄せられ、仏像を移動する、布で覆うなどターリバーン側に水面下の提案がなされたようだ。

しかし、三月一〇日前後、ターリバーンは大仏の爆破を決行した。一五〇〇年もの間、この渓谷にそびえていた大仏は一瞬にして崩れ落ちた。その映像は世界を震撼させた。

アフガニスタン内戦中、百万人もが餓死した際、国際社会は反応しなかったのに、世界遺産が破壊されると世界は騒ぎ立てると批判する声もある。イランの映画監督マフマルバフ氏は著書『アフガニスタンの仏像は破壊されたのではない恥辱のあまり崩れ落ちたのだ』でその気持ちを表した。

バーミヤーンの大仏 現在の姿

爆破によって跡形もなく破壊された大仏。東大仏があった場所はむなしく龕が口を空けているばかりだ。

場所	アフガニスタン、バーミヤーン
建造年	6〜7世紀
消失の年	2001年3月10日前後
原因	タリバンによる爆破
再建の可能性	検討中
	UNESCO世界遺産(危機遺産)

Chapter 10 | Zeugma Site

ダムの底に眠る遺跡

ゼウグマ遺跡

水没前の発掘風景。奥にダムが建設されつつある。

ゼウグマ遺跡

ゼウグマはトルコ東南部、ユーフラテス川沿いに位置する、ヘレニズム期からローマ時代にかけての都市遺跡である。アレキサンダー大王の武将であったセレウコス一世によって紀元前三〇〇年に建設された。シルクロードに位置することから、何世紀にもわたって多くの文化を受け入れながら発展してきた。

紀元前六四年にローマ帝国に占領されると軍隊の駐屯地となり、ゼウグマの人口は七万人に達した。街は交易で潤い、豊かになった街は芸術家を引き寄せた。ユーフラテス川の岸辺に邸宅を設けた商人や高級軍人たちは、壁をフレスコ画で、床やプールの底を豪華なモザイク画で飾った。

この遺跡を有名にしたのは、特に保存状態がよいモザイク画が大量に出土したことによる。発掘作業は一九八〇年代に始まっていたが、一九九六年にユーフラテス川でビレジク・ダムの建設工事が始まった際、新たにモザイクの破片が発見された。このためダム建設は一時中断され、急ピッチで大規模の発掘作業が行われた。

ギリシャやローマの神々などを描いたモザイクやフレスコ画、ローマ時代の邸宅や浴場、屋内競技場などが掘り起こされた。傑作と名高い「ジプシーの少女」のモザイクもこの時に発掘されたものだ。青銅器時代にさかのぼる墓も発見された。

一九六〇年代には不法発掘されたモザイク画が国際市場に出回ったことがある。一九九八年には、現地保存されていた「ディオニュソスとアドリアネの結婚」のモザイク画の主要部分が不法に剥ぎ取られていることがわかった。

二〇〇〇年一〇月についにビレジク・ダムが完成し、悲しくもゼウグマ古代都市のほとんどは水に沈んでしまった。現在、発掘された遺物のほとんどはガズィアンテップに新設されたゼウグマ・モザイク博物館に展示されている。

ゼウグマ遺跡 水没中の姿

水没しつつあるゼウグマ遺跡。現在では完全に水の下に沈んでいる。

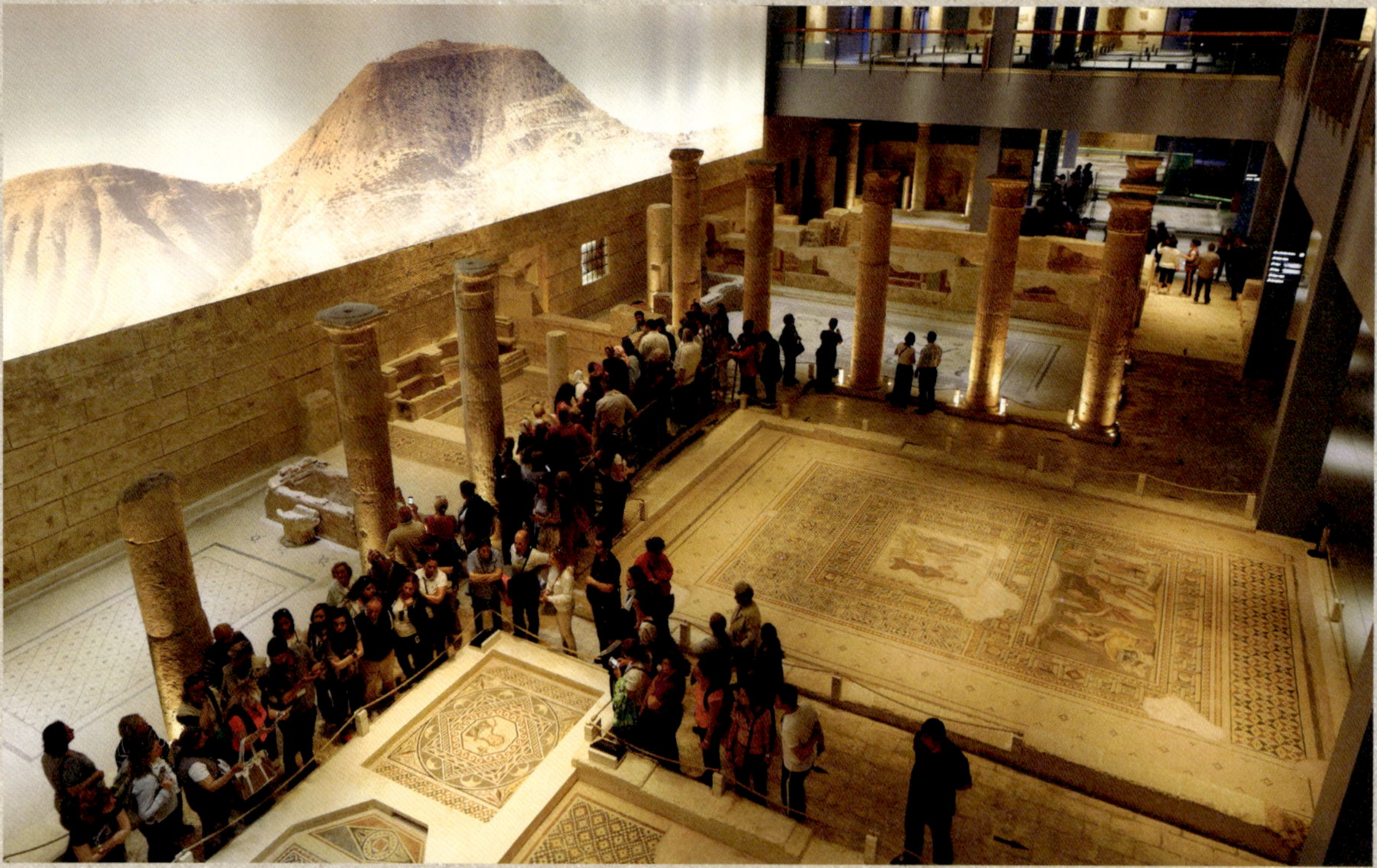

遺跡から移された美しいモザイク画は、ガズィアンテップのゼウグマ・モザイク博物館で見ることができる。

ビレジク・ダム以外にも、トルコ政府はチグリス川とユーフラテス川に沿って二〇のダムを完成させる計画がある。紀元前からの歴史を持つ都市ハサンケイフもイリス・ダムが完成したら沈んでしまう。かつて一九六〇年代にエジプトのアスワン・ハイ・ダム建設の際には国際的な非難が巻き起こり、いくつかの遺跡が移築された。ダム建設は、遺産が失われる要因のひとつなのだ。

場所	トルコ、ガズィアンテップ州
建造年	紀元前1世紀
消失・損壊の年	2000年
原因	ダム建設
再建の可能性	なし

ii

一部は失われ、
一部は残った

都市計画の都合や、被災により失われたもののうち、

一部が保存されているものを取り上げる。

かつての姿を見ることはかなわないが、

残された部分から当時を推し量ることはできる。

本来の場所から移築されているものや、

記念碑として残されたものもある。

IMPERIAL HOTEL

郵便はがき

料金受取人払郵便

葛西局承認

6130

差出有効期間
令和4年12月31日
まで（切手不要）

1 3 4 8 7 3 2

（受取人）
日本郵便　葛西郵便局私書箱第30号
日経ナショナル ジオグラフィック社
読者サービスセンター 行

お名前　フリガナ	年齢	性別 1.男 2.女
ご住所　フリガナ □□□-□□□□		
電話番号 (　　　)	ご職業	
メールアドレス	@	

●ご記入いただいた住所やE-Mailアドレスなどに、DMやアンケートの送付、事務連絡を行う場合があります。このほか、「個人情報取得に関するご説明」(http ://nng.nikkeibp.co.jp/nng/ p8/)をお読みいただき、ご同意のうえ、ご返送ください。

お客様ご意見カード

このたびは、ご購入ありがとうございます。皆さまのご意見・ご感想を今後の商品企画の参考にさせていただきますので、お手数ですが、以下のアンケートにご回答くださいますようお願い申し上げます。(□は該当欄に✓を記入してください)

ご購入商品名　お手数ですが、お買い求めいただいた商品タイトルをご記入ください

■ **本商品を何で知りましたか**(複数選択可)

□ 書店　□ amazonなどのネット書店(　　　　　　　　)
□「ナショナル ジオグラフィック日本版」の広告、チラシ
□ ナショナル ジオグラフィックのウェブサイト
□ FacebookやTwitterなど　□ その他(　　　　　　　　)

■ **ご購入の動機は何ですか**(複数選択可)

□ テーマに興味があった　□ ナショナル ジオグラフィックの商品だから
□ プレゼント用に　□ その他(　　　　　　　　)

■ **内容はいかがでしたか**(いずれか一つ)

□ たいへん満足　□ 満足　□ ふつう　□ 不満　□ たいへん不満

■ **本商品のご感想やご意見をご記入ください**

■ **商品として発売して欲しいテーマがありましたらご記入ください**

■ **「ナショナル ジオグラフィック日本版」をご存じですか**(いずれか一つ)

□ 定期購読中　□ 読んだことがある　□ 知っているが読んだことはない　□ 知らない

■ **ご感想を商品の広告等、PRに使わせていただいてもよろしいですか**(いずれか一つ)

□ 実名で可　□ 匿名で可(　　　　　　　　)　□ 不可

ご協力ありがとうございました。

1958年に撮影された帝国ホテル全景。

Chapter II | Imperial Hotel

「東洋の宝石」と讃えられたホテル

帝国ホテル、ライト館

帝国ホテル、ライト館

初代帝国ホテルが建ったのは一八九〇年のことだ。海外からの賓客を迎え入れるため約六〇の客室を備えた日本初の本格的西洋式ホテルだった。

日本の発展とともに利用者は増え、新館が加えられることになった。すでに米国で名声を博していたフランク・ロイド・ライトが設計者に抜擢され、ライトは一九一六年一二月に来日、一九二〇年に建設が始まった。

日本文化に感銘を受けていたライトは、その特色を取り入れる計画を立てた。多様な煉瓦を作るための工場を設けたり、自分がデザインした模様を大谷石に彫るための石職人を雇ったりし、家具、カーテン、絨毯《じゅうたん》、食器に関しては、建物に調和するデザインを自ら手がけるなど徹底したこだわりをもって挑んだ。

当然ながら費用は膨張し、当初一五〇万円だった予算は六倍の九〇〇万に膨れ上がった。ライトと経営陣は繰り返し衝突することになる。とうとう一九二二年、ライトはホテルの完成を見ることなく米国に帰国することになった。翌年七月、地上五階、地下一階建て、二七〇の客室を備えた「ライト館」が完成した。着工以来四年の歳月が過ぎていた。

一九二三年九月一日に落成記念披露宴が開かれることになったが、まさにその準備の最中に関東大震災が東京を襲った。倒壊したり火災に見舞われたりした建物が多かったなか、帝国ホテルは大きな損傷を免れた。これを知ったライトは狂喜したという。被災者の避難場所として客室を無料で開放したり、各国の大使館や新聞社などに仮事務所のスペースを提供したりした。

一九四五年三月の東京大空襲では多くの焼夷弾が落ち、総床面積の四割強が被害を受けた。終戦とともに帝国ホテルはGHQに接収され、大規模な修復工事が行われた。この接収時に、大谷石がペンキで白く塗られてしまった。

1920年代の名所絵ハガキに登場した帝国ホテル。

南北の客室棟をつなぎ、オーディトリウムや会食室に接していたプロムナード。

一九六四年になるとライト館を壊して大規模な新本館を建てる案が発表された。「東洋の宝石」と絶賛されたこのホテルの存続を訴える運動が起きたが、地盤沈下や客室数の少なさなどが理由でライト館は一九六八年に取り壊された。一九七〇年の日本万国博覧会開会に合わせて新本館が開館した。

多くの有名人がライト館を贔屓にした。チャールズ・チャップリンは一九三二年以来常宿とし、毎回の食事に和牛ステーキを注文した。GHQ司令官のダグラス・マッカーサーも大評判のフランス料理を食べに帝国ホテルに通い、マリリン・モンローは新婚旅行に帝国ホテルを選んだ。

ライト館の玄関部分は博物館明治村（愛知県犬山市）に移築再建され、今日でも在りし日の面影を偲《しの》ぶことができる。

ライト館 現在の姿

博物館明治村に移築された帝国ホテル中央玄関。内部公開が始まった1985年の撮影。

場所	日本
建造年	1923年
解体の年	1968年
原因	改築のため取り壊し
再建の可能性	博物館明治村にて一部保存

Chapter 12 | Coventry Cathedral

平和のシンボルとなった大聖堂

コベントリー大聖堂

◀おそらく1936年前後に撮影された大聖堂内部。

コベントリー大聖堂

イングランド中部の都市コベントリーには、これまでに三つの大聖堂が建てられた。

もっとも古いのは一二世紀に建てられた聖マリア教会で、十字の形をした建物の長辺が一三〇メートルもある立派な聖堂だった。しかし一五三七年、英国国教会をカトリックから分離させたヘンリー八世がカトリック修道院の解散を命じたことにより見捨てられ、廃墟となってしまった。

一四世紀末から一五世紀初頭にかけて、聖マリア教会の敷地に、今度は英国国教会の聖ミカエル教会が建設された。コベントリーは中世以来産業が発展してきたこともあり、英国でももっとも大きい教区教会の一つとなり、一九一八年にコベントリーの主教座が置かれ、大聖堂位が与えられた。

しかし一九四〇年一一月、コベントリーはドイツ軍の激しい空爆にさらされた。軍事工場が多数あったため標的となったのだ。大聖堂も爆撃をまぬかれず、塔、尖塔、外壁、数体のブロンズ像と墓を残して焼け落ちてしまった。

空爆の翌日、大聖堂を再建することが決まった。当時の主教は報復としてではなく、許しと和解の象徴として建てようと呼びかけた。ただし残骸は撤去せず、人々に戦争の狂気と無駄を思い出させるため崩れ落ちた姿のまま保存することになった。現在、大聖堂の残骸は英国指定建造物の一級（最高に重要な建造物）に指定されている。

空爆の数日後、大聖堂で働いていた石工が、焼けこげた二本の梁《はり》が十字架の形に落ちているのを発見し、廃墟となった祭壇の上に飾った。この十字架とともに、大聖堂にはもう一つ有名な「釘の十字架」がある。瓦礫《がれき》から拾いだした釘で作られ、和解の象徴として、ドイツを始め各地に贈られている。

一九六二年、廃墟となった旧大聖堂の脇にモダニズム建築の大聖堂が完成した。これがコベントリーの三つ目の大聖堂だ。

コベントリー大聖堂現在の姿

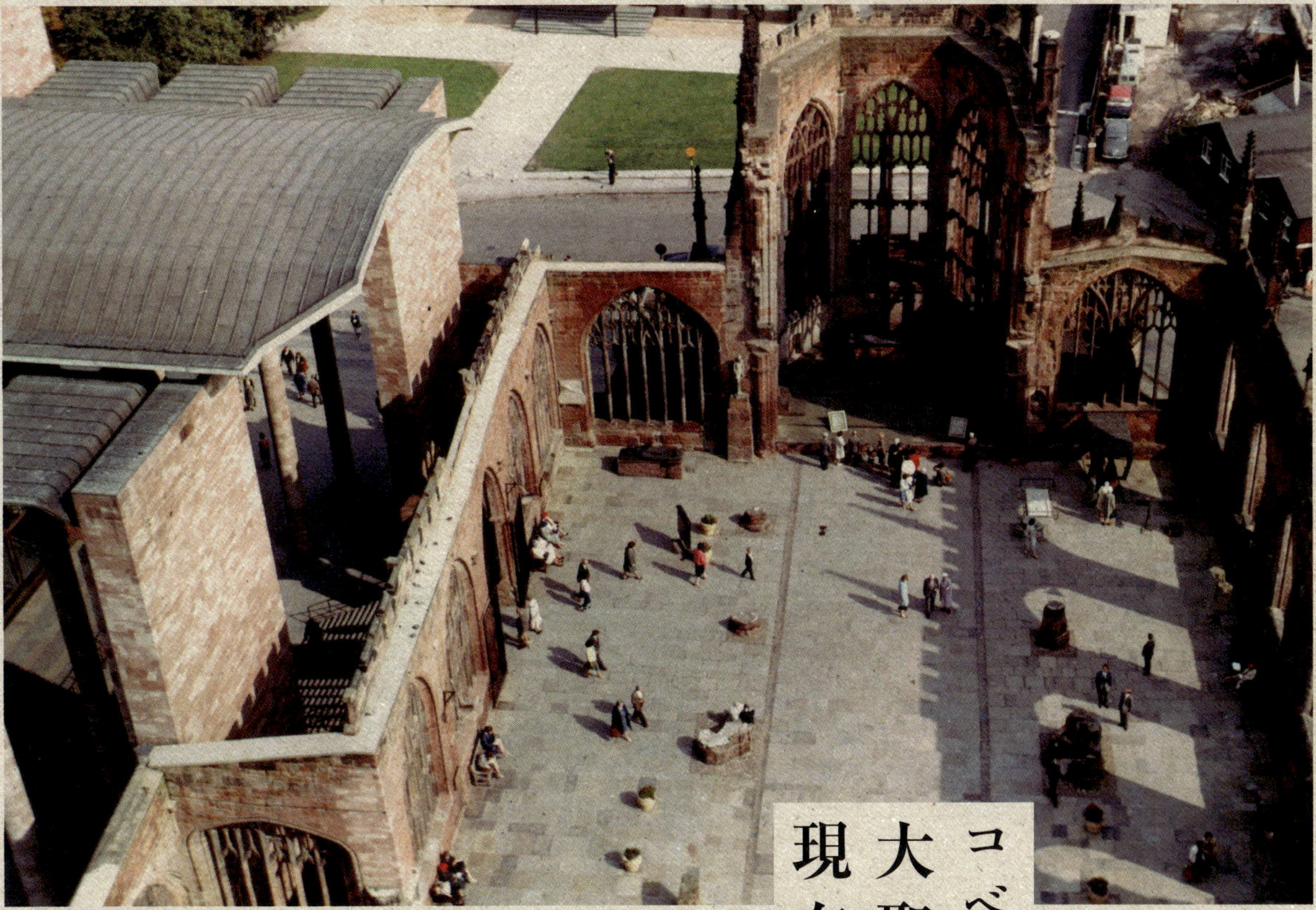

焼け落ちた姿のまま保存されている大聖堂。

場所	英国、ウエスト・ミッドランズ州
建造年	14〜15世紀
損壊の年	1940年
原因	ドイツ軍による空爆
再建の可能性	なし

Chapter 13 | Spiral Minaret

数少ない優美な螺旋式ミナレット

サーマッラーの螺旋式ミナレット

1922年以前のサーマッラー。モスクとミナレットが手前に、奥の城壁に囲まれた旧市街には黄金のアスカリー・モスク（152ページ）も見える。

サーマッラーの螺旋式ミナレット

北アフリカのチュニジアから中央アジアに至る強大なイスラム帝国を造り上げたアッバース朝は、政局を一新する目的で、九世紀に首都をバグダードからサーマッラーに移した。壮麗な宮殿が建造され、当時としては世界最大のモスクと、付随する高さ五二メートルの螺旋《らせん》式のミナレットが完成した。サーマッラーは数十万人が暮らす史上最大のイスラム都市となった。

大都市にふさわしく、ムタワッキル・モスクは一五五メートル×二四〇メートルの広い中庭をもち、八万人もの礼拝者を収容できた。そしてモスクには、イスラム教徒に礼拝を呼びかけるための塔であるミナレットが付属する。

モスクの北西に隣接して立つのが螺旋式のマルウィヤ・ミナレットだ。基壇は日干し煉瓦で造られ、焼き煉瓦と瀝青《れきせい》で補強してある。通常は建物内部に設けられる階段が外部を囲み、円錐状の美しい姿を見せている。九世紀当時としても珍しい様式で、螺旋式のミナレットはこれ以外には二つしか現存していない。同時期に同じ形式でサーマッラーに建てられたアブー・ドゥーラフのミナレットと、エジプトにあるイブン・トゥールーン・モスクのミナレットだ。

ミナレットの螺旋階段は今でも上ることができる。階段の内側には手すりがあるが、外側に柵はないので上る際には注意が必要だ。第十代カリフのムタワッキルが白いロバに乗って、この階段を上ったという伝説が残っている。

サーマッラーに都が置かれたのは八三六年から八九二年間と短く、都は再びバグダードに戻された。一二七八年にイル・ハン国のフレグがこの地に侵攻した際にモスクが破壊され、外壁とミナレットだけが残り、そのまま現在に至っている。

イラクに駐屯する米軍はこのミナレットを監視塔として使用し、狙撃兵を配置していた。このことから二〇〇五年にゲリラ攻撃を受け、ミナレットの先端が爆破された。

螺旋式ミナレット現在の姿

先端が欠けてしまったマルウィヤ・ミナレット。

場所	イラク
建造年	848年以降
損壊の年	2005年
原因	イラク戦争
再建の可能性	未詳
	UNESCO世界遺産(危機遺産)

Chapter 14 | Geographs in the Atacama Desert

砂漠の巨大地上絵

アタカマ砂漠の地上絵

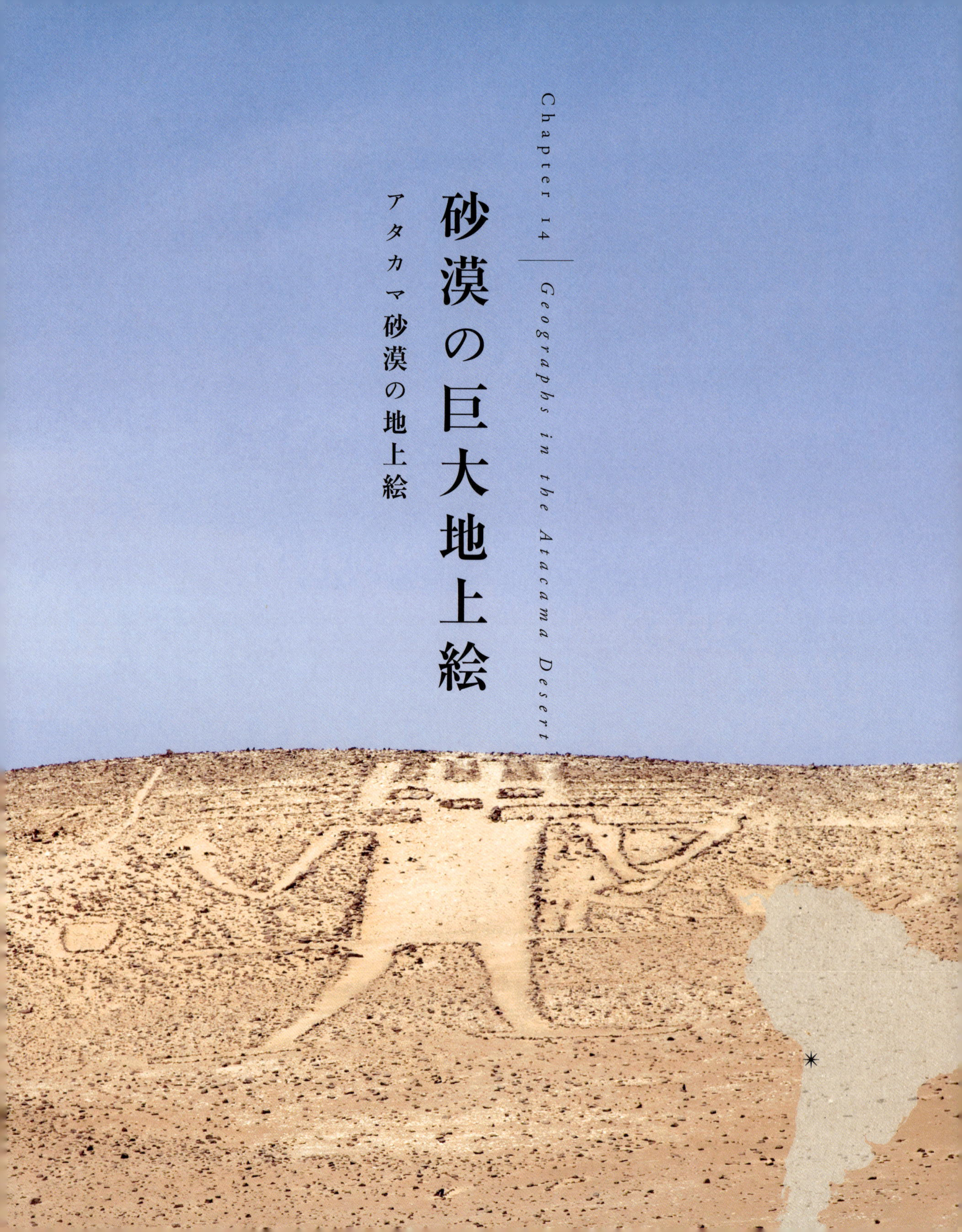

アタカマ砂漠の地上絵

チリ北部のアンデス山脈と太平洋に挟まれているアタカマ砂漠は、世界で最も降水量の少ない地域として知られている。年間平均降水量はたったの一〇ミリだ。

ここには砂漠の表面に五〇〇〇を超える地上絵が残されている。ペルーにあるナスカの地上絵は有名だが、アタカマ砂漠の地上絵はナスカほど巨大ではない。丘の斜面にあるので、地上からでも目にすることができる。

描かれているものは動物や人間、幾何学模様などバリエーション豊かだ。地表を削ってあるナスカの地上絵と違って、石を並べることによって描かれている。最も有名なのは「エル・ヒガンテ」(巨大なもの)と呼ばれている全長八六メートル程の巨人の絵だ。

これらは三〇年程前に発見され、七〜一〇世紀頃に栄えたティワナク文化や、一五〜一六世紀に国力を誇ったインカ文明期に残されたものだと推測されている。

描かれた目的は不明だ。月の動き、季節の変化、作付け時期などを知るための天文暦の役目を果たしたという説がある。また、沿岸地方との交易、民族間の交流のための道標だったという説、移動の際に必要な家畜のえさ場を示す役目を果たしたという説もある。

二〇〇九年以降、ダカールラリーがチリとアルゼンチンで開催されるようになり、数百台以上のトラック、車、バイクがこの周辺を縦横無尽に走り回るようになった。遺跡を踏み越えたり、インカ道にタイヤの跡をつけたりして修復不可能なダメージを与えている。

チリ政府によると、二〇一一年のラリーでは二八三の遺跡を調査した結果、半分近くに影響があった。オフロードタイヤが脆弱なエコシステムである砂漠の表土を食い荒らし、リャマやコンドルなどの野生動物に残された数少ない生息地を脅かすと環境活動家は警告している。

千年ほど昔、ウニタ山に描かれた巨人の地上絵。►

現在の姿
アタカマ砂漠の地上絵

ラリー後の撮影。巨人の被害は大きくなさそうだ。

場所	チリ、アタカマ砂漠
建造年	7世紀以降
損壊の年	2009年以降
原因	ロードレースによる破損
再建の可能性	未定

iii

危機に瀕する遺産

残念ながら紛争等の理由により、
現在は足を踏み入れることが困難な場所が存在する。
数千年にわたり伝えられてきたような建造物が、
甚大な被害を受けることもある。
ここでは進行中の危険にさらされているものを取り上げる。

Chapter 15 | *Timbuktu*

砂漠にそびえる伝説の黄金郷

トンブクトゥ

砂漠のなかで栄えた伝説の「黄金郷」。ニジェール川とサハラ砂漠の接点という地の利を得て、交易と文化の中心地となった。

サンコーレ・モスクはトンブクトゥに3つあったイスラム大学のひとつ。建物は14世紀に建てられたもの。

トンブクトゥ

現在のマリ共和国、ニジェール川の岸辺にあるトンブクトゥは古代から栄えた砂漠の交易都市だ。サハラ砂漠やニジェール川を越えてきたベルベル人やアラブ系、アフリカ系の商人たちが塩、金、象牙、奴隷の取引を行った。

一四世紀、トンブクトゥは北アフリカからサハラ砂漠の南までの広大な地域を支配したマリ王国の一部となり、黄金期を迎える。アフリカ大陸屈指のイスラム大学が設立され、広く各国から学者や学生が集まり、文化・学問の一大中心地となった。

一五世紀になると新たな強国ソンガイ帝国に吸収された。アフリカ史上最大の版図を誇ったソンガイ帝国のもとさらに繁栄を極め、トンブクトゥの名は伝説的な「黄金郷」として西欧にまで伝わった。

一四世紀に建てられた泥土建築のモスク、ジンガレーベルはサグラダ・ファミリアを設計したアントニ・ガウディにインスピレーションを与えたといわれている。

学問の中心地として、トンブクトゥにはイスラムに関する貴重な書物が古くから集まった。加えて、裕福な家では競って書物を求めたため、多くの写本や古文書がこの地に残されることになった。

二〇〇八年以来、「イスラム・マグレブ諸国のアルカイダ機構」が旅行者を誘拐する事件が起きるようになった。二〇一二年にはイスラム過激集団「アンサル・ディーン」がシャベルやつるはしを使って市内の寺院や聖廟を破壊し、残りもすべて破壊すると主張した。シディヤハヤ・モスクは、世界の終末まで開かれないと伝えられてきた特別な扉を破壊された。

二〇一三年にトンブクトゥに入ったユネスコの調査チームによると、被害は予想以上に深刻で、霊廟や寺院が破壊されただけでなく四千以上の写本が行方不明になっているとのことだ。

地元の住民はユネスコの支援を受け、修復に努めている。一方、破壊を行った元テロリストはハーグの国際刑事裁判所で文化遺産破壊の罪で禁錮九年の有罪判決を言い渡された。

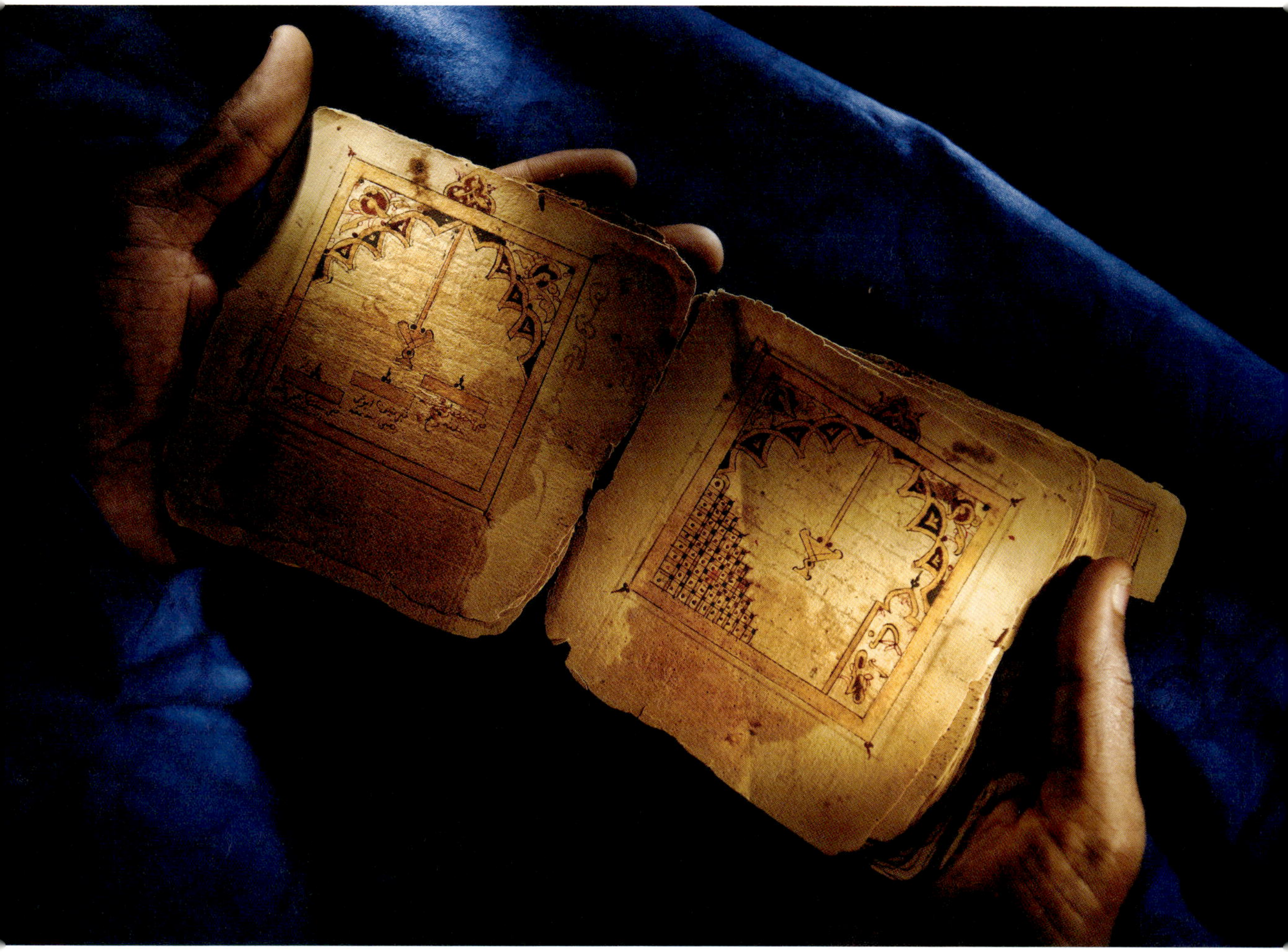

トンブクトゥには多くの貴重な写本が集まっていた。2009年の撮影。

場所	マリ共和国、トンブクトゥ
建造年	主要なモスクは14世紀
消失・損壊の年	2012年
原因	テロリストによる破壊
	UNESCO世界遺産（危機遺産）

Chapter 16 | Aleppo

中世アラブの面影を残す古都

アレッポ

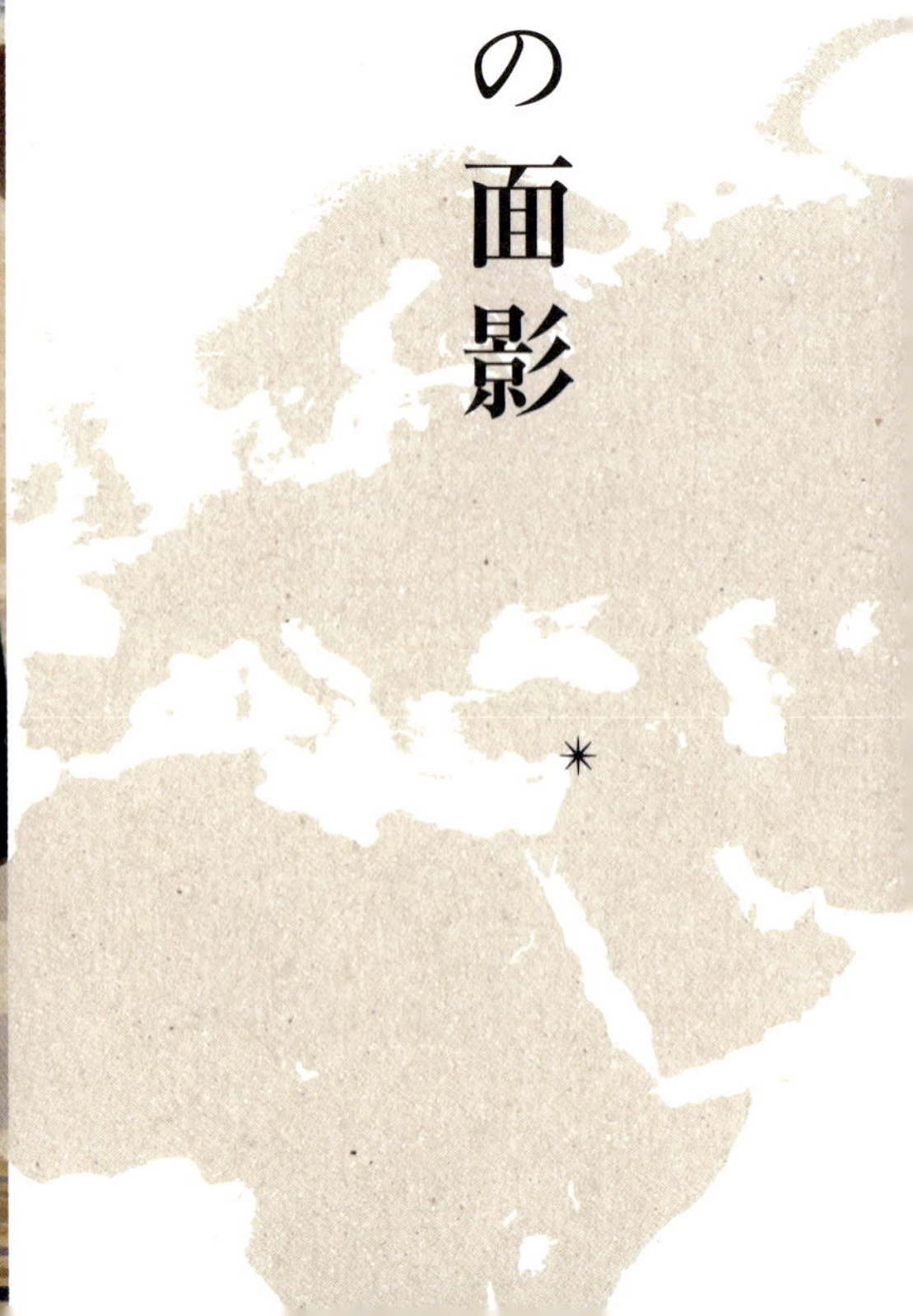

古都アレッポの中心部で人々が集まる場所だった、歴史ある大モスク（ウマイヤド・モスク）。北西の角にミナレットが一本立っている。

丘の上に構える中世の城塞アレッポ城と、アレッポの町並み。アレッポ城はオスマン・トルコ時代まで使われていた。

アレッポ

首都ダマスカスにつぐシリア第二の都市アレッポは、中世の街並みを残す美しい古都だ。ユーフラテス川と地中海を繋ぐ要衝の地として、東西交易の中継点にある商業都市として栄えてきた。ヒッタイト、アッシリア、ギリシャ、ローマ、イスラムの各王朝、クルド、モンゴル、オスマンなど、名だたる王朝や国がこの都市を勢力下に置き、それぞれ豊かな遺産を残した。

街の中心にあるアレッポ城の歴史は紀元前三千年紀までさかのぼり、一二世紀から一四世紀には十字軍やモンゴル帝国の侵攻にも耐えた。古代ローマ時代から連綿と発展を遂げてきた旧市街には大モスクが立ち、スーク（市場）は世界最大規模に発展した。アレッポは人類が築いた最も豊かな街の一つとされていた。

しかし二〇一一年から続く内戦でアレッポは激戦地となった。アレッポ城には政府軍が立てこもり、軍事基地として使用したため深刻な損傷を被った。旧市街は政府軍と反政府軍の戦闘の舞台となり、多くの建物が崩れ落ちた。歴史的な商店が並ぶスークは二〇一二年九月の戦闘で火災が発生し、七〇〇軒以上の店舗が焼失してしまった。

スークに隣接する大モスク（ウマイヤド・モスク）は二〇一二年一〇月に攻撃を受けて損傷し、翌年はアルカイダ系組織と政府側との大モスクをめぐる攻防で、高さ四五メートルのミナレットが爆破された。モスクの宝物が盗まれる被害も出た。

大モスクはメディナの預言者のモスクを手本として八世紀に建てられたイスラム世界でも初期のモスクだが、モンゴル軍による破壊などから一三世紀に大幅に改築されている。ミナレットは一〇九〇年に再建され、アラビア語と幾何学模様で美しく装飾されていた。

二〇一五年一二月、反政府軍がアレッポより撤退した。歴史的都市の復興に向けた準備が始まっている。

アレッポ 現在の姿

900年前に建てられた大モスクのミナレットは、2013年の爆破で倒壊した。

場所	シリア、アレッポ
建造年	［アレッポ城］12世紀、［大モスク］13世紀、［大モスクのミナレット］1090年
消失・損壊の年	2011年以降
原因	内戦
再建の可能性	スークは進行中、大モスクは計画中
	UNESCO世界遺産（危機遺産）

Chapter 17 | Old City of Sana'a

千年前の美しい摩天楼都市

サナア旧市街

かつて旧市街を囲んでいた城壁には5つの門があった。唯一残ったイエメン門は、市街の南側に立つ。2014年の撮影。

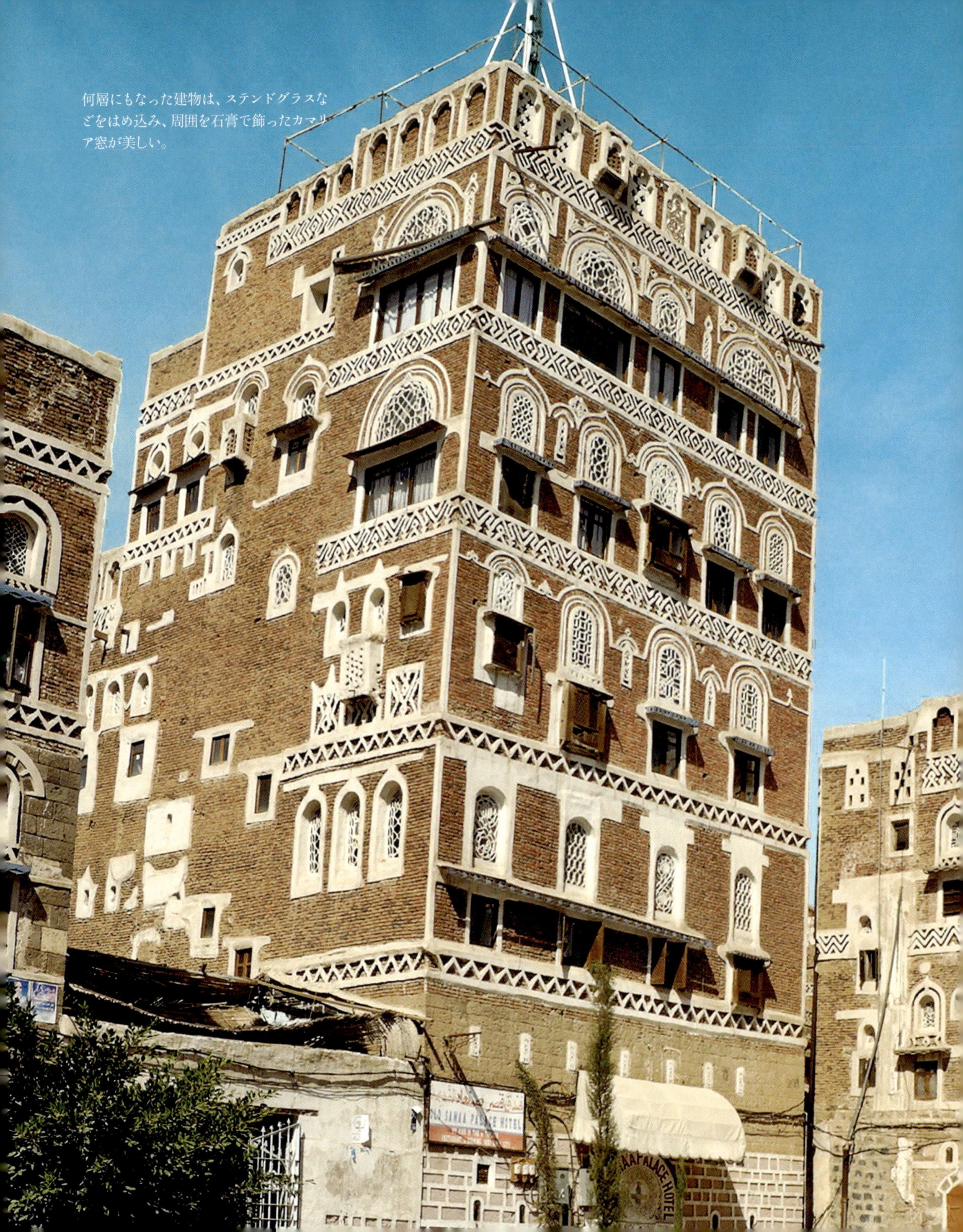

何層にもなった建物は、ステンドグラスなどをはめ込み、周囲を石膏で飾ったカマリア窓が美しい。

サナア旧市街

イエメンの首都サナアの旧市街には美しい塔状の建物が並んでいる。最も高いものは六、七階建てで五〇メートルの高さがある。驚くことに、ほとんどが千年前に建てられた住居群だ。サナアは世界最古の摩天楼都市なのだ。

これらは花崗岩などの岩とアドベと呼ばれる日干し煉瓦など、現地の素材と独自の技術を使って建てられた。もちろんコンクリートや鉄筋は使われていない。建物には目を引く細かい幾何学模様が施され、窓枠は彫刻で装飾されている。ステンドグラスの窓も多い。

サナアはサバ王国（旧約聖書に登場するシバ王国）の都市として紀元前から栄えた世界最古の都市のひとつだ。大洪水のあとにノアの息子によって創建されたという伝説が残る。古代から交易で潤い、七世紀から八世紀にかけてはイスラム教の布教の中心地となった。今も街には百以上のモスクと六四のミナレットがあり、中世アラビアの面影を色濃く残している。

しかし、その豊かさゆえに繰り返し侵略にさらされた歴史を持つ。できるだけ多くの人が街の城壁に守られ快適に暮らせるよう、また家の中でも家族が安全でいられるよう、建物は高い造りになったという。

建物の一～二階は倉庫で、居住スペースは家族を敵から守るため上階にある。三階が居住兼客間で、台所は上階にある。旧市街のあちこちに菜園があり、これは敵の攻撃を受けて籠城しても、食料を確保できるよう設けられたものだ。

二〇一五年一月、シーア派の武装組織フーシがクーデターにより政権を奪取した。政府側を支援するスンニ派のサウジアラビアはアラブ諸国を主導して空爆を開始、サナアの旧市街の歴史的建造物の多くが破損している。

サナアは南アラビアの言葉で「堅牢な要塞」という意味を持つ。何世紀にもわたって攻撃をかわしてきた街にふさわしい名前だ。しかし陸の攻撃には対処できても、空からの攻撃は防ぎようがないのだ。

サナア旧市街 被害後の姿

2015年6月に爆撃を受けた旧市街の区画。

場所	イエメン、サナア
建造年	10世紀以降
消失・損壊の年	2015年以降
原因	サウジアラビア主導の空爆
再建の可能性	不明
	UNESCO世界遺産（危機遺産）

Chapter 18 | *Palmyra*

シルクロードの隊商都市

パルミラ遺跡

世界にも知られた美しい遺跡パルミラ。列柱道路、円形劇場、記念門のほか、左手奥には壁に囲まれたベル神殿が見える。

パルミラ遺跡

シリア砂漠の真ん中に位置するパルミラは三八〇〇年前から隊商の基地だったことが古い記録に残っている。シリア砂漠を横断するキャラバンにとって非常に重要な中継地だった。また伝説によればパルミラは、紀元前十世紀に古代イスラエルのソロモン王が荒野に築いた都市だともされている。

紀元前一世紀から紀元三世紀にかけてパルミラは、ローマと東方を結ぶ巨大な貿易都市となり、その役割を増した。東側のササン朝ペルシャと西側を取り持つ緩衝地帯の役割を果たし、ギリシャ、メソポタミア、ペルシャ、ローマ、そして現地の文化が豊かに混ざり合うパルミラ独特の文化が形成された。ローマ帝国の影響下にあった都市の中でも、パルミラほど文化の変化と折衷が豊かに残っているところはあまりない。

三世紀に実権を握った女王ゼノビアは、ローマ帝国からの自立を目指して対決を挑む。しかし激しい攻防の末パルミラは破壊され、ゼノビアは捕虜となりローマに連行されてしまう。これ以降、「女王の都」パルミラは衰退の道をたどることになる。

シリア内戦が始まるまでは、この美しい遺跡を見に、毎年一五万人以上の観光客が世界から訪れていた。ローマ都市に必須の円形劇場や浴場などがほぼ完全な状態で残っており、充実した博物館も併設されていた。

街の目抜き通りともいえるのは列柱道路だ。道路の東に立つ壮麗なベル神殿は一世紀当時の姿をよく残し、最高神ベル・太陽神・月神を祀っていた。西には軍隊が駐留したディオクレティアヌス城砦が構えている。通路の北側には一世紀頃に建てられ、遺跡内でも特に保存状態のよいバールシャミン神殿や、ディオクレティアヌス帝の浴場がある。南側には円形劇場、アゴラが備えられている。列柱道路には記念門や四面門なども残されており、古代の都市の姿がよく見えるものだった。

フェニキア由来の神を祀っていたバールシャミン神殿。1世紀頃に建立され、ローマ時代の姿がよく保存された貴重な遺跡だった。

パルミラ遺跡

しかし二〇一五年五月二一日、過激派組織「イスラム国」（ＩＳ）がシリア軍を撃破し、遺跡を勢力下に置くと、「偶像崇拝を助長するもの」として遺跡の破壊が始まった。

八月にはバールシャミン神殿と、紀元三二年に建てられたベル神殿が相次いで爆破された。九月には古代パルミラ人の遺体を納めた塔墓、一〇月にはパルミラ遺跡の象徴であった記念門が破壊された。

パルミラの著名な考古学者であり、遺跡の保護にたずさわっていたハレド・アル＝アサド氏が八月に斬首され、遺体が広場に吊るされた。遺物の移動先を明かさなかったため犠牲となったという。

二〇一六年三月二七日、政府側がパルミラをＩＳから奪還したと発表した。しかし一二月にはまたもやＩＳが制圧、翌二〇一七年三月に再び政府軍が支配権を取り戻した。この間に、二〇一六年の奪還時には無事だった四面門や劇場の一部などが破壊された。

遺跡の修復は計画されているものの、シリアの政情は予断を許さない状況が続いている。

爆破されたバールシャミン神殿の内部。1世紀に建立された状態がよく残されていた。

現在の姿 パルミラ遺跡

2015年8月にベル神殿は破壊された。2016年の一時奪還時に撮影されたこの写真では、入り口の門だけがかろうじて立っているのがわかる。

場所	シリア
建造年	紀元前1世紀から
消失・損壊の年	2015年
原因	ISによる爆破
再建の可能性	計画中
	UNESCO世界遺産(危機遺産)

◄人頭有翼獣ラマッスの石像。2010年に撮影。

Chapter 19 | Nimrud

三千年前の栄光を体現した王都

ニムルド遺跡

ニムルド（古代名カルフ）は古代アッシリアの王都のひとつだ。現在のイラク北部、モスルの南東三〇キロ、ティグリス川沿いに位置している。

紀元前八七九年、アッシリア帝国の王アッシュールナシルパル二世は都をここに移し、壮麗な宮殿や神殿を設けた。戦勝を記録したレリーフが王宮を飾り、盛大な落成式や宴の様子が石碑に刻まれた。王宮の入り口を守るのは巨大な人頭有翼獣ラマッス（人の顔をし、翼を持ち、獅子や雄牛の体をしている）の石像だ。これらの豪華な装飾は帝国の富と力を物語るものだ。人口は数万人に達し、珍しい動植物を集めた植物園や動物園もあったという。

王の死後、息子が大ジッグラト（神殿をもつピラミッドに似た階段状の建造物）、神殿、要塞などを建設し、ニムルドは数世代にわたって繁栄した。

二〇一四年六月、モスルを制圧した過激派組織「イスラム国」（ＩＳ）はニムルドも掌握し、遺跡を破壊すると表明。翌年、ＩＳは破壊する様子を映像で公開した。彫刻はハンマーや電動ドリル、ブルドーザーなどの重機を使って壊され、神殿はダイナマイトで爆破された。高さ約四〇メートルのジッグラトはほぼ跡形もなく削られてしまった。

二〇一六年一一月にイラク軍がニムルドを奪還し、遺跡の破壊の状態が確認された。北東宮殿の入り口であるアーチは残っているものの、ラマッスを含む遺構のほとんどが瓦礫状態だった。

ニムルド遺跡の発掘は一九世紀半ばから英国の考古学者たちによって行われてきた。レリーフやラマッス像などが大英博物館で展示され、大きな話題を呼んだ。これらは国外に持ち出され

＊

たまま返還されていなかったことから、皮肉なことに今回のＩＳによる被害を免れた。ニルムドの発掘はまだ全体の三〇パーセントにとどまっており、新たに貴重な遺構や遺物が見つかる可能性が高いことは、残された希望だ。

ニムルド遺跡 現在の姿

ニムルド奪還直後のようす。破壊されたラマッス像の一部らしきものが見える。

場所	イラク、ニーナワー県
建造年	紀元前879年頃
消失・損壊の年	2014年
原因	ISによる破壊
再建の可能性	未定

iv

再び立ち上がる日

これまで見てきたように、

どのように立派な建造物であっても消滅してしまうことがある。

そのまま忘却の彼方に置き去られるものがある一方、

修復・復元への努力が続けられる例も少なくない。

そうした努力の途上にあるものや成果を紹介する。

Chapter 20

Haiti National Palace

崩れ落ちた大統領宮殿

ハイチの大統領宮殿

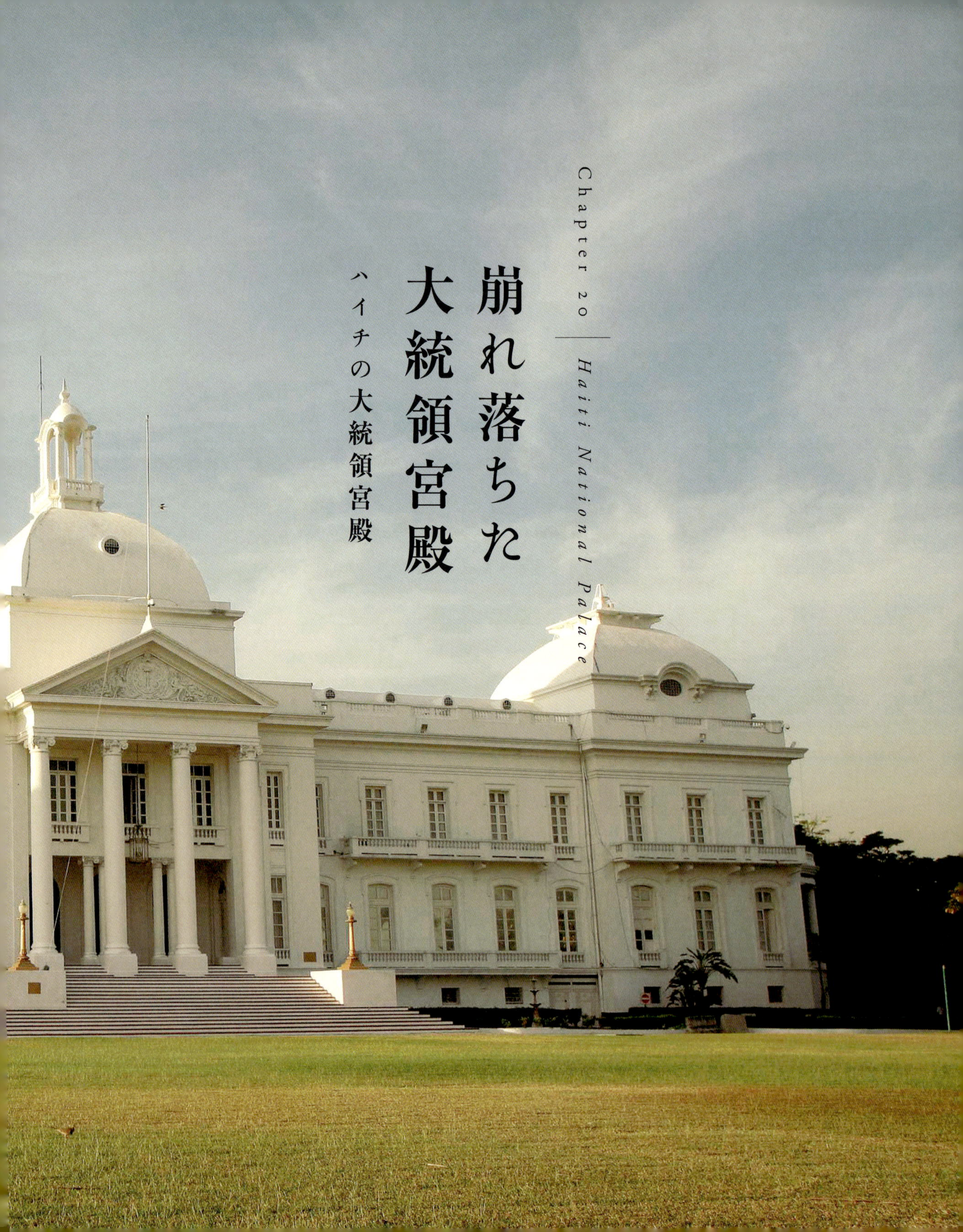

ジョルジュ・ボサンが設計した大統領宮殿。
1920年に完成し、行政府として機能してきた。

ハイチの大統領宮殿

二〇一〇年一月一二日、マグニチュード七の地震がハイチを襲った。この地震で二五万人以上が死亡、三〇万人が負傷、人口の約三割の三〇〇万人が被災し、水道や電力などライフラインにも壊滅的な被害が及んだ。北半球で最も貧困に苦しむ国の住民が巻き添えになった大地震だった。

崩壊した建物の代表として世界に伝わったのが白い大統領宮殿だ。米国ワシントンDCのホワイトハウスに似たボザール様式だが、ホワイトハウスをはるかにしのぐスケールを誇っていた。メインホールにある巨大な柱は高い天井までそびえ、両端にある階段はカーブを描きながら上の階に登る。

しかし地震で二階と三階は崩れ落ち、ポーチも四本のイオニア式円柱も潰れてしまった。南ウイングには大統領の居室があったが、地震が起きた時、大統領は私邸に行っていて留守だった。

しばらくの間、宮殿は壊れた姿のまま佇《たたず》んでいた。二〇一一年に就任したマーテリー大統領は、いまだ三五万人がテント暮らしを続ける中、大統領宮殿の再建は優先事項ではないとしながらも、瓦礫は片付き、子供たちは学校に通い始め、復興は進んでいるので、そろそろ悲劇のシンボルである大統領宮殿を解体するべきだと発表した。二〇一二年の九月から一二月の間に工事が行われた。

二〇一七年になると、新大統領モイーズ氏は大統領宮殿の再建計画を発表した。外観はボザール様式を保持するが、内装はハイテク設備を完備するとのことだ。

しかしハイチの未来はまだ危うい。震災直後は活発だった国際的支援の規模が縮小されたり、自国に引き上げる団体が増えたりしている。スタッフや医療物資が不足しているので十分に機能できない医療施設も多い。大災害からの復帰は、特に貧しい国の場合、課題を抱えたまま長い時間を要してしまいがちだ。

ハイチの大統領宮殿被災直後の姿

2010年1月12日の地震で倒壊した大統領宮殿。地震から1週間後に撮影。

場所	ハイチ
建造年	1920年
被災した年	2010年
原因	大地震
再建の可能性	内装を変えての計画あり

王宮の入り口。1885年、最後の王が英国の虜囚となった日に撮影されたものとされる。

Chapter 21 | *Mandalay Palace*

日本軍と英軍の戦闘で焼失

マンダレーの王宮

王宮の西側、王家の居住区域を城壁の外から見る。撮影された1890年代には、すでに英国の植民地となっており、王家はインドへ追放されている。

マンダレーの王宮

マンダレーは一八五七年にビルマ王朝最後の都となった。それまで都だったアマラプラの王宮は解体され、一〇キロメートルほど北にあるマンダレーまで資材を象に乗せて運び、都の中心に新たな王宮を建設した。二キロメートル四方の正方形の敷地は、高さ七メートルの城壁と、その外側にある幅六四メートルの堀に囲まれている。

しかし二七年後の一八八五年にビルマ（現在のミャンマー）は英国に占領され、王はインドへ追放されてしまう。王宮は英軍に接収され、兵士の宿営地となった。この時に英軍が持ち帰った工芸品のいくつかは、現在もロンドンのヴィクトリア・アンド・アルバート博物館に展示されている。

英国統治時代、ビルマの人々にとって王宮は国のシンボルであり、自分たちのアイデンティティの源であり続けた。

一九四二年、日本軍がビルマに侵出し、王宮を占領して基地として利用した。一九四五年三月、反撃に転じた英軍は王宮を爆撃し、ほぼ完全に焼失させてしまう。

一九八九年に王宮の再建が開始した。マンダレー市民の男性はボランティアとして再建工事に参加することが義務付けられたという。元の宮殿とまったく同じ外観のものが建ったが、同じ材料を使うことは叶わなかった。もとはチーク材で建てられた建物はコンクリートで再現された。耐久性を考えての選択だったともいえるが、経済的ゆとりもなかった。ほとんどの彫刻は簡略化されたし、宝石を埋め込んだ装飾は金色のペンキで代用された。一日で破壊された豪華な王宮を元の姿に戻すのは容易なことではない。

現在、宮殿が復元されているのは旧王宮の敷地の中心部である一部だけで、それ以外ほとんどは軍の施設として使われている。

マンダレーの王宮
現在の姿

現在復元されている宮殿の中心部分。鮮やかな配色だ。

場所	ミャンマー、マンダレー
建造年	1857年
消失・損壊の年	1945年
原因	第二次世界大戦、英軍の爆撃
再建の可能性	コンクリート造りの宮殿が再現されている

Chapter 22

Tombs of Buganda Kings at Kasubi

巨大な茅葺墓

カスビのブガンダ歴代国王の墓

カスビの丘に立つ、かつて王宮だった建物。
4代の王が眠る墓所だったが、2001年に
焼失した。

カスビのブガンダ歴代国王の墓

一八八二年、ブガンダ王国三五代目の王、ムテサ一世は首都カンパラ郊外のカスビの丘に新しい宮殿を建設した。しかし二年後に王は死去、宮殿はそのまま墓所となった。ムテサ一世に続く三代の王もこの墓に葬られた。

ブガンダは一三世紀以来栄える「ガンダ人の国」を意味し、その民を「バガンダ人」と呼ぶ。ウガンダで最も多い民族だ。ブガンダ王国は現在のウガンダの中南部を占めた。ちなみに「ウガンダ」という国名はブガンダをスワヒリ語で表したものだ。

建国以来、カスビはバガンダの人々にとって信仰や精神性の中心地であり続けた。敷地面積はおよそ三〇万平方メートル（東京ドーム約六個分）と広大で、中央の丘の上に墓所がある。

木、アシ、アカシア、編み枝細工、しっくいなど天然の材料のみを使った円形の建物で、茅葺きの屋根は建物を覆うように地面まで届いている。素材を一見するだけでは素朴な建物を連想しがちだが、直径三一メートル、天井の高さは最も高いところで七・五メートルと予想をはるかに超える大きさだ。王宮にふさわしい美しさと荘重さがあり、力強い建物だ。

樹皮布で包まれた木の柱が建物を支えており、分厚い茅葺き屋根は植物の葉で作った五二の輪によって内側から強化されている。五二という数字はブガンダの五二の血統を表している。サハラ以南のアフリカで植物素材だけを用いた建物として並外れている。

二〇一〇年三月一六日の夜、火災により宮殿だった建物は焼失した。放火との噂もある。しかし、幸いなことに墓所の中にある墓そのものは損傷を免れた。出火原因は不明のままだ。

復元のためユネスコ文化遺産保存日本信託基金が出資し、日本の専門家が協力している。資材は天然であるため現地で調達でき、伝統的建築の技巧と職人技はまだ残っていることから復元は可能である。

内部には王の肖像画や写真、遺品が収められていた。

場所	ウガンダ、ブガンダ
建造年	1882年
焼失の年	2001年
原因	火災
再建の可能性	進行中
	UNESCO世界遺産（危機遺産）

Chapter 23

Royal palace, Hue

ベトナム戦争の激戦地となった王宮

フエの王宮

勤政殿で執務中の啓定（カイディン）帝。現存している太和殿と似た造りながら、フランスの影響を受けてランプやガラス等の設えが導入された。

フエの王宮

阮《グエン》朝がベトナム中部のフエに都を置いたのは一八〇二年のことだ。それ以降一九四五年までの一四三年間、ベトナム最後の王朝の都として、政治的にも文化的にもベトナムの中心を担う街に発展した。街の中心をフォン川が流れる美しい古都だ。

もっとも有名なのは堀に囲まれた王宮だろう。一八世紀に伝統的なベトナムの風水を踏まえて建築され、のちの増改築時にフランスから伝えられた様式が取り入れられたため、王宮には東西の様式が並ぶことになった。

鳳凰をかたどった楼閣を戴く午門（王宮門）、皇帝の即位式が行われた太和殿などは一部を北京の紫禁城に倣《なら》いつつ、ベトナムの伝統様式を用いている。一方、皇帝が日常の政務を執った勤政殿にはガラス窓が使われ、フランス風の調度が置かれていた。フランスの植民地となって以降、皇帝の居住域にフランス風の洋館の建中殿が建てられたり、フエ郊外の皇帝廟がフランス様式で造られたりした。

しかしフエはベトナム戦争で大きな痛手を被ることになった。中でもテト攻勢では壊滅的被害を受けた。テトはベトナムの旧正月で、それまでテトの間は休戦するとの暗黙の了解が交わされていた。にもかかわらず一九六八年、旧正月にあたる一月三〇日の早朝、北ベトナム軍と南ベトナム解放民族戦線は大攻勢を仕掛けた。最大の標的はフエとサイゴンだった。

フエの街は不意打ちにあい、北側に落ちた。米軍と南ベトナム軍は直ちに反撃し、劣勢を挽回するため米軍が行った空爆で、街の八割は破壊された。

王宮も例外ではなく、皇帝の居住域である紫禁城のほとんどが焼失した。勤政殿をはじめ、寝所である乾成殿や坤泰殿などが失われた。午門や太和殿は焼失をまぬかれたものの、残った建物も大小の被害を受けた。

フエの歴史的景観の復旧は、現在ユネスコの支援を受けて進められている。

フェの王宮 現在の姿

太和殿は戦火を残り越え、現存している。玉座が置かれ、公の行事や儀式が行われていた。

場所	ベトナム、フエ
建造年	18世紀
消失・損壊等の年	1968年
原因	ベトナム戦争中の空爆
再建の可能性	残された建物の修復が進んでいる
	UNESCO世界遺産

◀1897年の聖母教会。教会の前に立つのは宗教改革者マルティン・ルターの像。

Chapter 24 | *Dresden Frauenkirche*

粉々になった教会

ドレスデン聖母教会

場所	ドイツ、ドレスデン
建造年	18世紀
消失・損壊の年	1945年
原因	空爆
再建の可能性	2005年に再建

ドレスデン聖母教会

一八世紀に建てられたドレスデンの聖母教会はバロック様式のプロテスタント教会だ。ドームはヨーロッパで有数の高さを誇り、二〇〇年間ドレスデンの空にそびえていた。

一九四五年二月一三日、英米軍はドレスデンの空爆を開始した。聖母教会は焼夷弾による攻撃を二日間しのいだが、三日目の朝、熱で崩壊した。五月八日にドイツ軍は降伏し戦争は終わった。ドイツは東西に分断され、ドレスデンは東ドイツに組み込まれた。ドレスデン市民はいつか教会が再建される希望を抱きながら、瓦礫を集め、分類し、番号をふった。しかし再建を待つまま四五年間、ドレスデンの街には瓦礫が山積みになったまま残った。

一九八二年の爆撃記念日に四〇〇〇人の市民が花と蝋燭を持ってここに静かに集まった。これが東ドイツの体制に抗議する平和運動と市民権運動の始まりとなった。

一九九〇年にドイツが統一されると、ドレスデン聖母教会の再建計画は動き始めた。そのためには一億八〇〇〇万ユーロが必要だったが、世界中から個人や企業などの寄付が集まり経費の一部をまかなった。ドレスデン生まれのノーベル生理学・医学賞の受賞者ギュンター・ブローベルは受賞金を教会再建のために寄付した。

一七二〇年の図面を頼りに何百人もの建築家、美術史家、技術者が何千もの石の破片を計測し分類した。画像処理プログラムを使ってモニター上で三次元的に石を動かし、組み合わせを研究した。利用可能な破片は全て使われた。

資料がない場合は市民の記憶を頼りにした。正面の扉の模様を再現するには、市民から結婚式の写真を募集した。結婚式の記念撮影を正面の扉の前で行う風習があったからだ。

◀バロック様式の豪華な装飾。復元は、このような写真をはじめとした資料をもとに行われた。

瓦礫と化したままの1965年と再建後の2012年を比較した。

塔の上にあった十字架は瓦礫の中から発掘されたが、修復せず戦争記念碑として残すことになった。新しい十字架はドレスデンを空爆した英軍兵士の息子が制作し、英国から「和解の印」として贈られた。

一九九四年に再建が開始し、二〇〇四年に外観が、二〇〇五年に内装が完成した。同年の一〇月三〇日に聖別式典が行われ、六万人が参列した。教会が建つ広場には見学をする人の長蛇の列ができ、その列は翌朝五時まで途切れることはなかった。中には涙を流している人の姿もあった。

再建された教会はその歴史を人々に思い起こさせるだけでなく、和解と希望の象徴としてドレスデンの街に立ち続ける。

ドレスデン 聖母教会 現在の姿

元の姿に再建された聖母教会。午前の広場に立つルター像は被害が少なく、早くに建て直されていた。

Chapter 25

Wangdue Phodrang Dzong

古式を伝える山上のゾン

ワンデュ・ポダン・ゾン

宗教施設であり行政施設であるゾンは、防御の要でもある。2本の川の合流点に、1638年に建てられた。

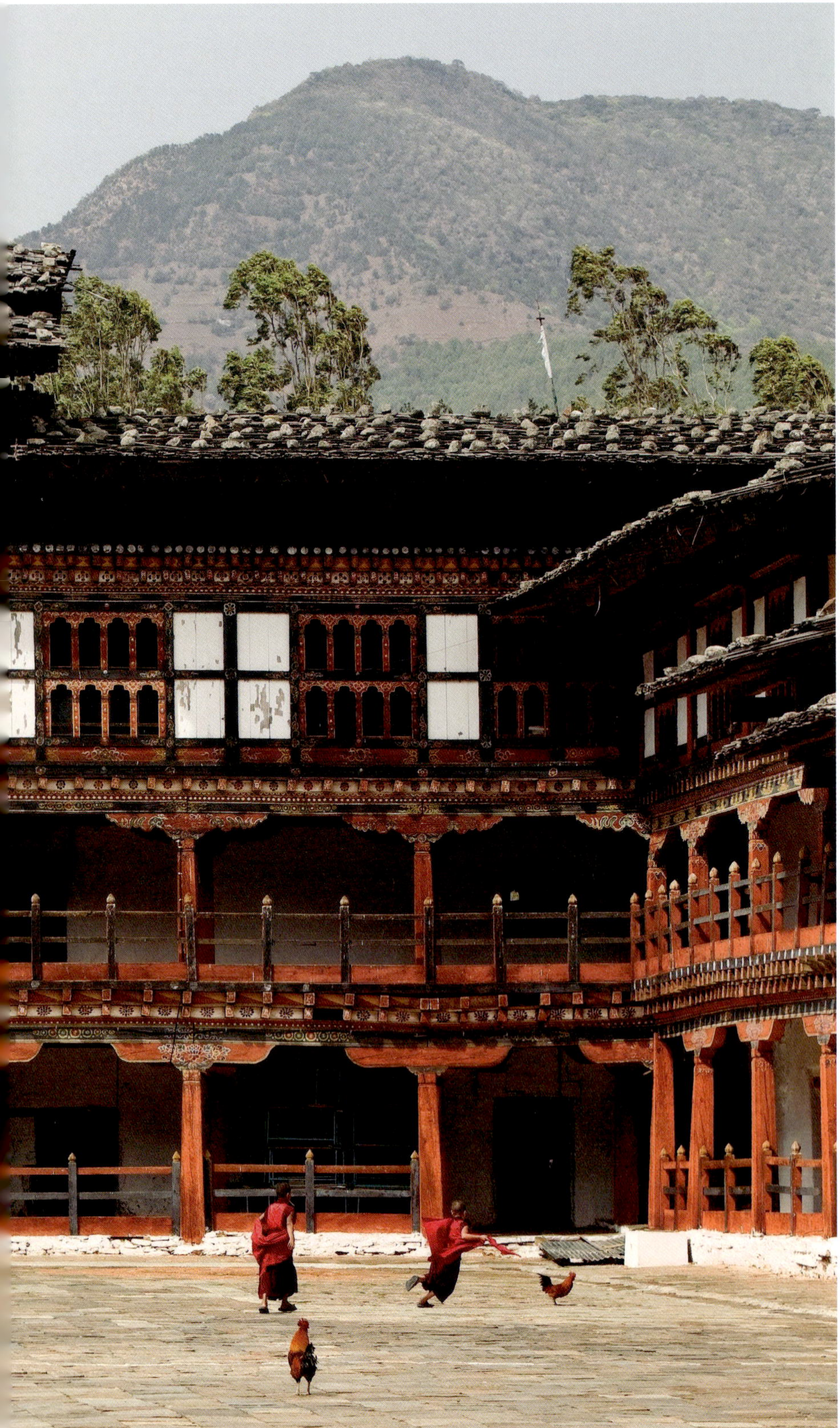

ゾンの中庭でくつろぐ少年僧たち。

ワンデュ・ポダン・ゾン

ゾンとはチベット文化圏に古くからある寺院と政庁の機能を兼ね備えた建物で、社会の中心的役割を果たしてきた。ブータンにおいては、かつてチベットからの攻撃に備える要塞の役割も担っていた。

ワンデュ・ポダン・ゾンはプナツァン・チュとダン・チュという二本の川の合流点に立つ。川沿いの山の尾根にそびえる威圧感のある要塞だ。一七世紀にブータンを統一した君主ガワン・ナムゲルが各地に建設したゾンのひとつで、ブータンで三番目に古く、伝統的な松の板葺屋根が残る唯一のゾンだった。寺院としては一三の寺を抱え、僧坊も備えていた。

二〇一二年三月に四つのゾンと共にユネスコの世界遺産暫定リストに登録された。その三カ月後、修復工事を行っていた最中の同年六月二四日、火災が発生しワンデュ・ポダン・ゾンの大部分が焼失してしまった。火事の原因は電気系統のショートだとされている。

建物の大部分は木造のため火の回りが早く、それに加え、三方が崖に囲まれているために消火作業が難航した。最も神聖な仏具や遺物が納められた箱は持ち出されたが、大事な経典や国勢調査の書類などの多くが失われてしまった。地元自治体の庁舎でもあったが、火災の当日は休日で僧侶はおらず、幸い死者や行方不明者はなかった。また修復中だったため別の場所に保管されていた仏具は無事だった。

この悲劇が起きた翌日、ブータンは喪に服し、政府機関や学校が休みとなった。

ワンデュ・ポダン・ゾンは外郭が残るのみとなったが、現在再建が進められている。火災や地震に強い建物となる予定だ。

場所	ブータン、ワンデュ・ポダン
建造年	1638年
焼失の年	2012年6月24日
原因	火災
再建の可能性	再建中

Chapter 26 | *Arg-e Bam*

都市がまるごと保存された廃墟

アルゲ・バム

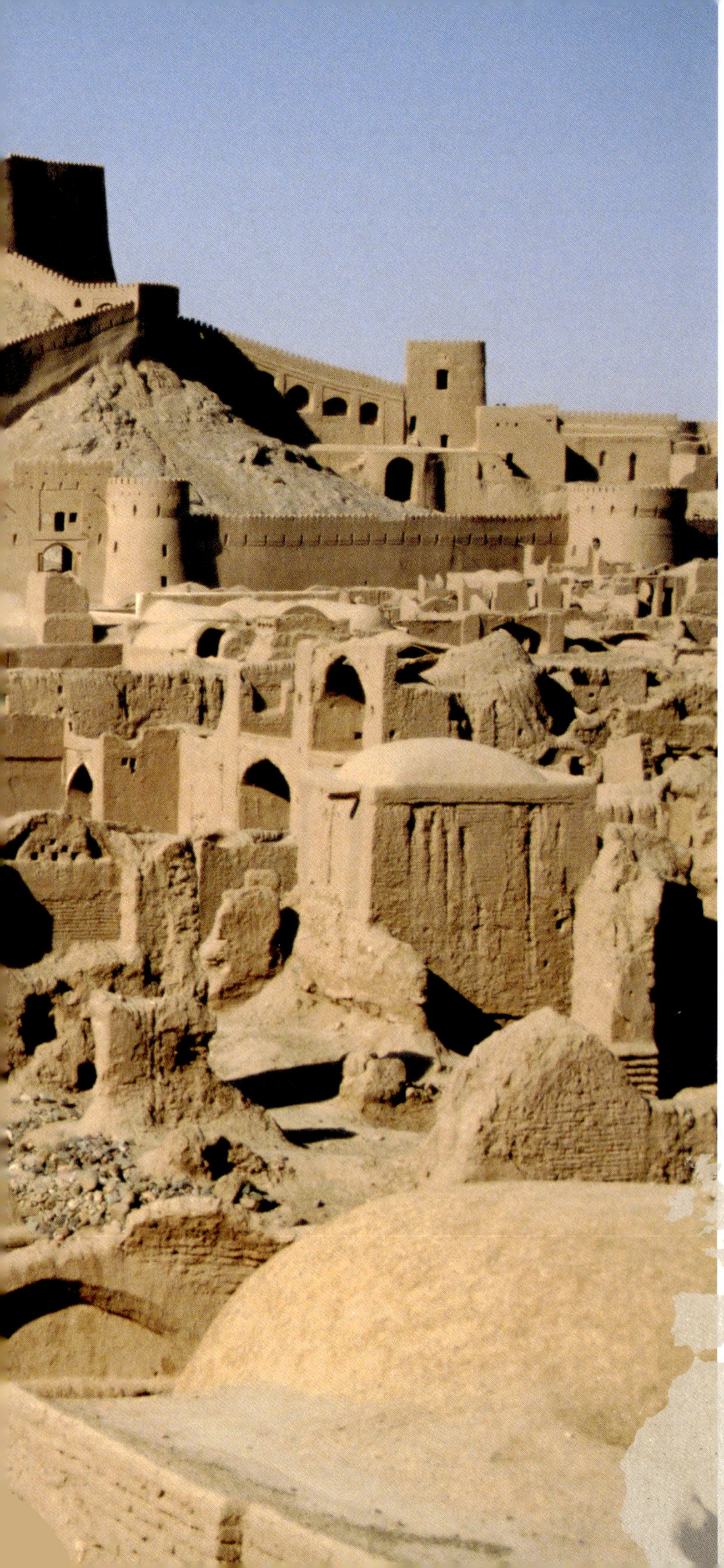

被災前のようす。城塞も周囲の区画もきれいに保存されている。

アルゲ・バム

イラン南東部の砂漠地帯にアルゲ・バム（バムの城）という城塞都市があった。シルクロードの要衝であったバムは交易都市として千年以上栄えた。

都市の起源は定かではないが、紀元前五世紀頃にはすでに周辺に人が定住し、砦を築いたとされる。何世紀もかけて砦は強化され、紀元前二世紀頃から城塞が設けられ、発展していった。

アルゲ・バムの広さは約一八万平方メートル。高さ七メートルの城壁に囲まれ、丘の上には威厳に満ちた城がそびえる。なんといっても特徴的なのは城壁、家、道、城の全てが「アドベ」という日干し煉瓦で作られていることだ。アドベ建築としては世界最大だ。

アルゲ・バムは三重の城壁で守られ、最も内側に城や政府関連の建物、統治者の家があった。異変が起きると三八もある物見塔から狼煙《のろし》が上げられた。侵入を防ぐには都市の門を閉じる。城塞には農地も井戸もあり、家畜もいたので長期的に籠城することができた。侵略を受けるたびに修復された。

またこの地域は優れた灌漑システムによりオアシスから豊富な水を引いてナツメヤシや木綿が栽培され、緑が豊かなことから「砂漠のエメラルド」とも呼ばれた。

一七二二年にパシュトゥン人による攻撃があって以来、アルゲ・バムは軍事施設として利用されることが増えた。次第に住民は城壁の外に移るようになり、町は放棄され、一九世紀末にはほとんど廃墟となった。

廃墟となったのち、都市全体が昔の姿のまま保存されている例は世界を見渡しても少ない。噴火の灰に埋もれた古代ローマの都市ポンペイなど数えるほどしかなく、貴重な場所だ。

二〇〇三年に起きた地震によりアルゲ・バムの七割が崩壊してしまった。ユネスコの日本信託基金などの援助があり、修復が進んでいる。二〇一三年に遺跡の修復や保全活動が認められ、危機遺産リストから除外された。

アルゲ・バム
被災後の姿

2004年に撮影。城壁の一部がわずかに耐えて残っている。

場所	イラン、ケルマーン州
建造年	16〜18世紀
消失・損壊の年	2001年
原因	地震
再建の可能性	修復終了
	UNESCO世界遺産

1900年代前半に英国人によって撮影されたガンデン寺。

Chapter 27 | Ganden Monastery

チベット仏教最大派の総本山

ガンデン寺

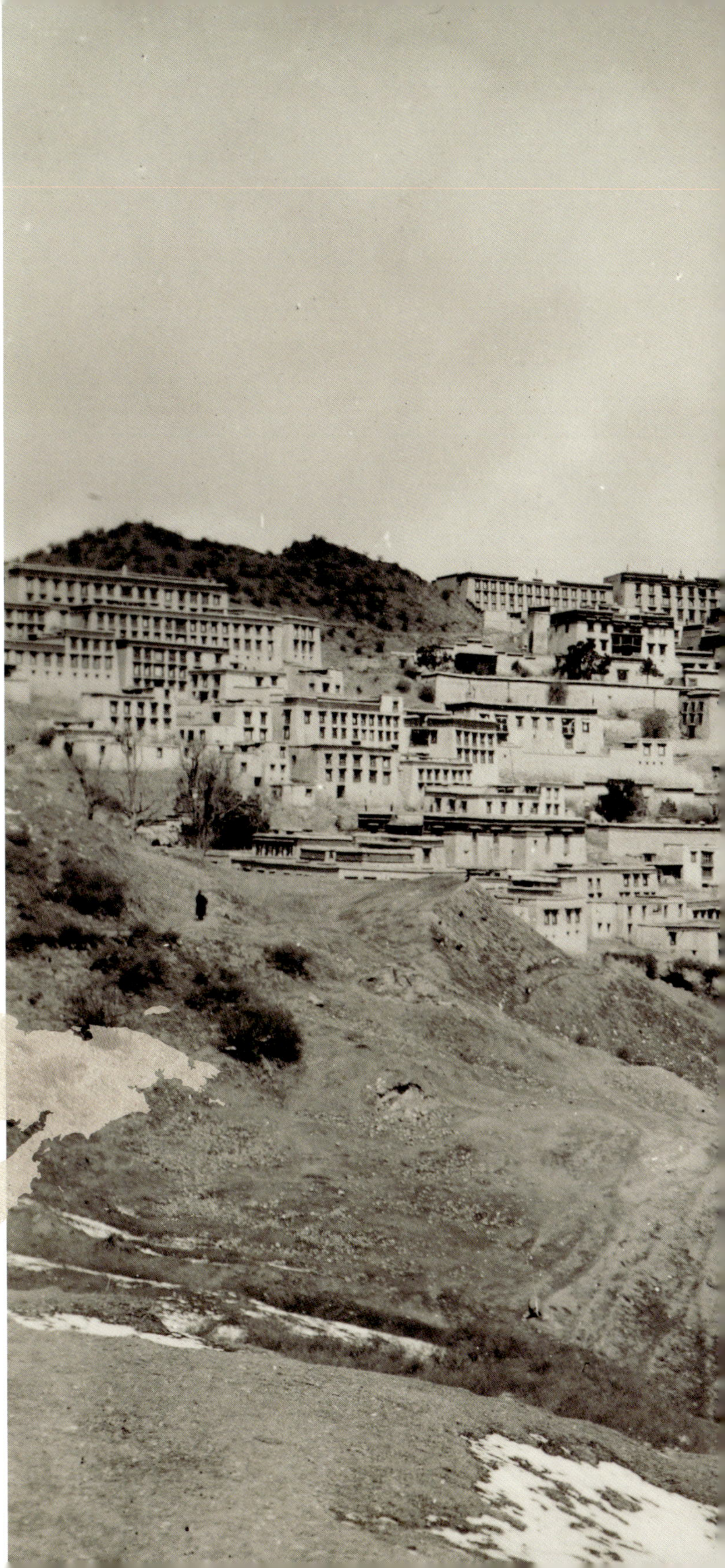

ガンデン寺

ラサから東に四七キロメートル離れた標高四二〇〇メートルの高地に、チベット仏教最大宗派であるゲルク派の総本山、ガンデン寺がある。寺はワンブル山の稜線上に立ち、眼下には素晴らしい景色が広がる。「ガンデン」とは、弥勒菩薩が住む兜率天を意味する。

ガンデン寺はゲルク派の創始者であるツォンカパが一四〇九年に創建し、一四一九年に没するまでほぼここに身を置いた。ツォンカパの遺体はミイラ化され、金銀で覆われた霊塔に収められた。最盛期には五千人もの僧侶がここで修行し、最大の御堂は三五〇〇人も収容することができたという。

一九四九年の中華人民共和国建国まもなく、中国はチベットに侵攻する。抵抗運動が高まるなか、ついに一九五九年に大きな衝突が起きた。この「チベット動乱」の際、ガンデン寺は指導者であるダライ・ラマ側の拠点のひとつとなった。寺院組織がダライ・ラマとともにインドに逃れると、ガンデン寺は人民解放軍の攻撃により破壊され、少なからぬ僧が還俗を強制された。

一九六六年に始まった文化大革命の際には紅衛兵によって砲撃され、残った建物はさらにダイナマイトを使って徹底的に破壊され廃墟となった。当時チベット全体では六千におよぶ寺院が破壊された。

信者からの寄進を受け、一九八一年から再建工事が開始され、かつての威容を取戻しつつある。だがいまだ完全な復興からはほど遠い。霊塔に保存されていたツォンカパの遺体は文化大革命の際に破壊されて散逸し、現在は再建された霊塔にわずかに回収された遺骨などが納められている。

ガンデン寺 破壊後の姿

文化大革命後、無人の廃墟となった。

場所	中華人民共和国、チベット自治区
建造年	1409年
消失・損壊の年	1959〜1966年
原因	弾圧
再建の可能性	継続中

ガンデン寺 現在の姿

一度廃墟となったが、寺院や僧坊が再建や修復され、現在はゆるやかに復興している。

パタンのダルバール広場。左手に見えるクリシュナ寺院は無事だったが、その右奥のハリシャンカール寺院は土台を残して倒壊した。

Chapter 28

Kathmandu Valley

震災を乗り越える
いにしえの王都

カトマンズ盆地

カトマンズ盆地

チベットとインドを結ぶ交易の中継点にあるカトマンズ盆地には、かつての王国を受け継ぎ、カトマンズ、パタン、バクタプルという三つの古都がある。カトマンズ盆地では一三世紀から一八世紀のマッラ王国時代に多くの寺院や祠堂が建てられ、現在見られるものは一七世紀以降のものがほとんどだ。仏教寺院とヒンドゥー寺院がともに隣接するここでは、豊かな宗教芸術が開花した。

各都市には、今でもそれぞれの王宮が残っている。王宮の前には広場（ダルバール広場）があり、そこが街の中心となって仏教寺院やヒンドゥー寺院、少女の生き神クマリの館、住宅がぎっしりと軒を連ねる。伝統的なネワール様式の住居は煉瓦造りの二〜四階建てと高層で、技巧を凝らした木彫りの装飾があしらわれているのが美しい。

首都としての歴史が長いカトマンズのダルバール広場はひときわ賑やかで、二〇を超える寺院が立ち並ぶ。パタンでは石造りのクリシュナ寺院が目を引く。バクタプルは一九三四年の地震で多くの建物が倒壊し、失われてしまった建物も多いが、その後修復が進められていた。

二〇一五年四月二五日、マグニチュード七・八の地震がこの地域を襲った。約九千人が犠牲となり、二万人以上が負傷、六〇万戸以上の建物がほぼ全壊するなど甚大な被害をもたらした。多くの歴史的建造物も壊滅的な被害を受けた。

古都の中心部は一瞬のうちに瓦礫で埋め尽くされた。倒壊をまぬかれた建造物は倒壊防止のため、つっかえ棒で支えるなど応急処置が施された。

多くの歴史的建造物が、人命救助と瓦礫撤去のため、一時立ち入り禁止となった。人々の生活の復旧と並行して修復も進められているが、完全な復興にはまだ時間がかかる。それでも仏教やヒンドゥー教の篤い信仰に支えられた人々は前を向いて進んでいる。

◀バクタプルを象徴する五重の塔、ニャタポラ寺院は1702年の建立。奇跡的に大きな被害はなかった。

カトマンズのダルバール広場。左の三重の屋根をもつ、シヴァ神を祀るマジュ・デガ寺院は
17世紀末の建立。一番右のナバ・ヨギニ寺院は18世紀末建立。どちらも地震で全壊した。

場所	ネパール、カトマンズ
建造年	15〜18世紀
消失・損壊等の年	2015年4月25日
原因	大地震
再建の可能性	進行中
	UNESCO世界遺産

カトマンズ盆地 被災直後の姿

被災直後のパタン。17世紀建立のハリシャンカール寺院（146～147ページ）は崩れてしまった。

Chapter 29

Al-Askari Mosque

黄金に輝くモスク

アスカリー・モスク

黄金のモスクと聖廟。

アスカリー・モスク

サーマッラーにあるアスカリー・モスクは、イラクのシーア派にとって最も重要な聖地のひとつだ。西暦九四四年に建てられ、二人のシーア派イマーム（イスラム教の指導者）が眠る聖廟がある。

シーア派は預言者ムハンマドの女婿の子孫を正統な指導者としており、一〇代目イマームのアリー・ハーディー、一一代目のハサン・アスカリーがここに葬られている。アッバース朝下でシーア派への弾圧が強まるなか、二人はサーマッラーで軟禁状態に置かれ、不遇のまま没した。モスクの名称は一一代目にちなむ。

廟に隣接するモスクは「黄金のモスク」として知られている。円周六八メートルのドームと高さ三六メートルのミナレットが金で覆われているからだ。この美しい装飾がさらにモスクの名を高めていた。

しかし二〇〇六年にはドームが、二〇〇七年六月にはミナレット、七月には時計塔が爆破された。アスカリー・モスクはもはや瓦礫同然となってしまった。シーア派だけでなく、多くの国民にとってかけがえのない宝が無惨な姿に変わってしまった。

犯行声明は出されなかったがスンニ派が疑われ、シーア派との抗争が激化する要因となった。現在はアルカイダに加盟したスンニ派武装勢力の犯行だとされている。

二〇〇八年から復元工事が始まった。しかし設計図がないので古い写真を参考にするしか方法がなく、まったく同じように再現するのは難しい。いわば「勘を働かせながら」作業を進めなければならなかった。当時の関係者によると、モスクのドームと二本のミナレットを覆うには一トン半の金を要するとのことだった。

工事は順調に進み、二〇一六年にはミナレットもドームもほぼ復元された。悲劇のイマームゆかりのモスクは、再び黄金に輝いている。

アスカリー・モスク被害後の姿

2度目の爆破後、ドームもミナレットも失われてしまった。現在は復元されている。2008年撮影。

場所	イラク、サーマッラー
建造年	944年
消失・損壊の年	2006年と2007年
原因	過激派による爆破
再建の可能性	ほぼ終了している

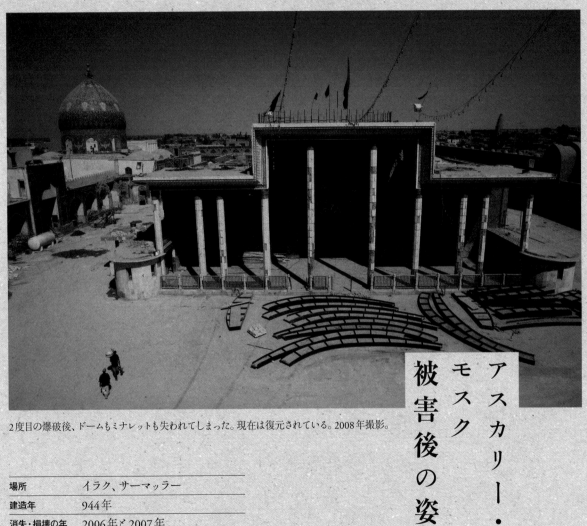

遺産を守り伝えるために

文化遺産の保存と修復について

東京文化財研究所
文化遺産国際協力センター
安倍雅史

世界では日々、貴重な文化遺産が失われている。本書でも紹介したように、その原因は、地震や火災、老朽化による取り壊し、経済開発、紛争や文化浄化など、多岐にわたる。失われた文化遺産の再建や修復を地域住民が望むことは多い。しかし、文化遺産の再建や修復には、さまざまな問題が存在する。

一番の問題は、予算である。本書で紹介したような文化遺産の多くは、一大国家プロジェクトとして、莫大な労働力を投じて建設されたものだ。あたり前のことだが、このような文化遺産を再建・修復するには、膨大な予算と長い時間が必要となる。

また、再建・修復それ自体が現実的に難しい場合も多い。文化遺産の再建・修復は科学的な根拠にもとづいて行なわれるべきで、創作であってはならない。建築図面や写真が十分に残されていないと、作業は困難を極める。

技術的に難しい場合もある。アフガニスタンのバーミヤーン大仏の場合、非常にもろい砂岩をくり抜いて作られていたため、ターリバーンによる爆破によって、その大部分が粉々に砕け散ってしまっている。オリジナルな部材の大半が失われてしまっているなかで、大仏の再建・修復が技術的に本当に可能なのか、議論が続けられている。

もしも自然災害や紛争によって文化遺産が失われてしまったら、再建・復元のためにはどうすべきか。できれば早い段階で専門家が現地入りすることが望ましい。レスキューや軍によって被災した文化遺産の瓦礫《がれき》が撤去されたり、瓦礫の山から神像や経典といった宝物が盗みだされたりすることがあるからだ。

しかし、災害や紛争直後の不安定な状況下で活動を行う専門家の安全を守ることには困難が付きまとう。筆者も二〇一〇年に、バーミヤーン遺跡の修復事業のために、いまだ治安の安定しないアフガニスタンに一カ月近く滞在したことがある。渡航前に安全講習の受講が義務付けられ、地雷の見分け方や銃撃戦への対処方法などをみっちりと学習させられた。渡航後は、カーブル市内の移動は防弾車、バーミヤーンまでの移動は国連機を利用し、宿舎も武装警官によって守られていた。さらに毎晩メンバーの安否を軍に報告するなど、安全対策は徹底したものであった。

さて世界で多くの文化遺産が失われるなか、一九六〇年代以降、文化遺産の保護活動を精力的に行っている国際機関が存在する。国際連合教育科学文化機関、通称ユネスコである。特に有名なエジプトのヌビア遺跡群を水没から救ったキャンペーンでは、各国から四〇〇〇万ドルもの寄付金が集まり、アブ・シンベル神殿などの多くの遺跡が移築された。

日本国内でも、民間、政府を問わず、文化遺産を護る活動が積極的に行われている。ユネスコのヌビア水没遺跡キャンペーンに対しては、日本でも二八万ドルもの寄付金が集まった。その二八万ドルのうち、たった一社で二七万ドルを寄付したのが民間の朝日新聞社であった。一九六五年に朝日新聞社は日本で初めてツタンカーメン展を主催し、その収益金全額を遺跡保護のためにユネスコに寄付したのだ。

日本政府は世界の文化遺産を保護することを目的に、一九八九年に「ユネスコ文化遺産保存日本信託基金」を設立している。以来、日本政府は二〇一六年までに、ユネスコに総額六八六四万ドルを拠出し、計六一カ国において文化遺産を保護する活動を支援してきた。本書で取り上げたアフガニスタンのバーミヤーン遺跡やカスビのブガンダ歴代国王の墓、イランのアルゲ・バム遺跡の保存修復にも、この「ユネスコ文化遺産保存日本信託基金」が活用されている。

最後に日本の国際協力の一例として、カンボジアのアンコール遺跡の保存修復プロジェクトを紹介したい。九世紀から一五世紀にかけてインドシナ半島に栄えたクメール王国、その王都アンコール遺跡は、現在、アジアを代表する観光地となっている。

しかし、一九九〇年代初頭、アンコール遺跡は崩壊の危機に瀕していた。一九七〇年代、カンボジア内戦下でポル・ポト派が政権を掌握すると、宗教弾圧が始まり、アンコール遺跡に残されていた貴重なクメール時代の仏像や彫像の多くが、顔を潰され首を切断された。さらに、遺跡の整備や保存修復に携わってきたカンボジア人技術者も知識人層とみなされ、その大半が殺害された。その後、アンコール遺跡は整備されることなく密林のなかに放置された。

日本政府は一九九四年に、「ユネスコ文化遺産保存日本信託基金」による最初のプロジェクトとして、「日本国政府アンコール遺跡救済チーム」（団長：中川武氏（早稲田大学））を結成し、以来、二〇年以上にわたり、アンコール遺跡の保存修復とカンボジア人技術者の育成を行っている。その成果もあり、今やアンコール遺跡は一大観光地へと成長し、カンボジア経済を支えている。

また、上智大学の石澤良昭氏も、日本の民間企業から寄付金を募り、独自に「アンコール遺跡国際調査団」を設立し、一九八〇年から遺跡の保護活動を行っている。石澤氏は長年の功績が認められ、二〇一七年にアジアのノーベル賞と称されるマグサイサイ賞を受賞した。

写真クレジット

6: State Library Victoria, Australia
8-9: bridgemanimages/amanaimages
11: bridgemanimages/amanaimages
12: ZUMAPRESS.com/amanaimages
13: Avalon/amanaimages
14-15: ZUMAPRESS.com/amanaimages
17: Yadid Levy/Robert Harding/amanaimages
18-19: JODI COBB/National Geographic Creative
21: Katja Hoffmann/laif/amanaimages
22-23: Sputnik/amanaimages
25: Sputnik / Topfoto.co.uk/amanaimages
26: Sputnik / TopFoto.co.uk/amanaimages
27: Sputnik/amanaimages
28-29: State Library Victori, Australia
31: State Library Victoria, Australia
32: State Library Victoria, Australia
33: anazawa/a.collectionRF/amanaimages
34-35: Mary Evans / John Massey Stewart/amanaimages
37: Sputnik/amanaimages
38-39: bridgemanimages/amanaimages
40-41: National Geographic Creative
42: Library of Congress, USA
43: JOSE FUSTE RAGA/SEBUN PHOTO/amanaimages
45: Roger-Viollet/amanaimages
46-47: bpk/amanaimages
49: Michael Trippel/laif/amanaimages
50-51: National Geographic Creative
52: Masterfile/amanaimages
53: ZUMAPRESS.com/amanaimages
54-55: SIPA/amanaimages
57: SIPA/amanaimages
58: imageBROKER/Martin Siepmann/amanaimages
60-61: 共同通信社/amanaimages
63: bridgemanimages/amanaimages
64: The Granger Collection/amanaimages
65: 朝日新聞社/amanaimages
66-67: bridgemanimages/amanaimages
69: TopFoto /amanaimages
70-71: Prof. Albert T. Clay/National Geographic Creative
73: Polaris/amanaimages
74: ZUMAPRESS/amanaimages
76: UIG/amanaimages
78-79: Berthold Steinhilber/laif/amanaimages
80-81: UIG/amanaimages
83: Brent Stirton/National Geographic Creative
84-85: R.CREATION/SEBUN PHOTO/amanaimages
86-87: Getty Images
89: Kyodo News/Getty Images
90-91: imageBROKER/Michael Runkel/amanaimages
92-93: imageBROKER/Egmont Strigl/amanaimages
95: Polaris/amanaimages
96-97: imageBROKER/Oliver Gerhard/amanaimages
99: KAKU SUZUKI/SEBUN PHOTO/amanaimages
100: RobertZukowski
101: ZUMAPRESS.com/amanaimages
103: ZUMAPRESS/amanaimages
104: ZUMAPRESS/amanaimages
106-107: FABIANO/SIPA/amanaimages
109: Abaca/amanaimages
110-111: British Library Board / TopFoto/amanaimages
112-113: British Library Board / TopFoto/amanaimages
115: Michele Falzone/amanaimages
116-117: Photoshot/amanaimages
119: Photoshot/amanaimages
120-121: Roger-Viollet/amanaimages
123: Capital Pictures/amanaimages
125: bpk / Kunstbibliothek
SMB / Stengel Marker/amanaimages
127: bpk/amanaimages
128: bridgemanimages/amanaimages
129: Lookphotos/amanaimages
130-131: bridgemanimages/amanaimages
132-133: Paul Spierenburg/laif/amanaimages
135: Nigel Pavitt/amanaimages
136-137: Robert Harding Images / Masterfi/amanaimages
139: SIPA/amanaimages
140-141: bridgemanimages/amanaimages
143: bridgemanimages/amanaimages
144-145: INTERFOTO/amanaimages
146-147: Radius Images/amanaimages
147: NOBUO KAWAGUCHI/SEBUN PHOTO/amanaimages
150: SAN HOYANO/SEBUN PHOTO/amanaimages
151: Polaris/amanaimages
152-153: DeAgostini Picture Library/amanaimages
155: Polaris/amanaimages

主な参考文献

ジョナサン・グランシー『世界建築大全』日東書院、2016年
北京市古代建築研究所『北京古代建築文化大系 城壁編』劉偉監訳、島田陽介訳、グローバル科学文化出版、2017年
山口由美『帝国ホテル・ライト館の謎』集英社新書、2000年
明石信道、村井修『フランク・ロイド・ライトの帝国ホテル』建築資料研究社、2004年
深見奈緒子『世界の美しいモスク』エクスナレッジ、2016年
深見奈緒子『イスラム建築がおもしろい！』彰国社、2010年
『ナショナル ジオグラフィック』2003年8月号
フリードリヒ・ラゲット『アラブの住居』マール社、2016年
藤井明『集落探訪』建築資料研究社、2000年
西藤清秀、安倍雅史、間舎裕生 編『世界遺産パルミラ 破壊の現場から――シリア紛争と文化遺産』雄山閣、2017年
宮脇檀、猪野忍 編『ノスタルジア・ブータン』建築知識、1999年
宮脇檀、中山繁信 編『WANDERING KATHMANDU ネパール・カトマンドウの都市ガイド』建築知識、1999年
佐藤正彦『ヒマラヤの寺院――ネパール・北インド・中国の宗教建築』鹿島出版会、2012年
http://whc.unesco.org/
https://www.imperialhotel.co.jp/j/company/history.html
https://www.coventrytelegraph.net/news/coventry-news/gallery/ruins-history-found-coventry-warwickshire-6744025
http://www.coventrycathedral.org.uk/wpsite/our-history/
http://news.bbc.co.uk/2/hi/middle_east/4401577.stm
https://www.theguardian.com/world/2014/jan/16/chile-dakar-rally-protests-archaeologists-indigenous-groups-environmentalists
http://www.ucl.ac.uk/sargon/essentials/cities/kalhu/
http://ejournals.ukm.my/gmjss/article/view/17779/5508
http://vietnam.lah-waseda.jp/
http://bhutan-consulate.org/news/20120624/index.html
http://thanks2happiness.blog.fc2.com/blog-entry-51.html
http://www.minami.arc.shibaura-it.ac.jp/research/photo/pdf/1.pdf
その他、各報道などを参照。

監修者・執筆協力者紹介

監修 安倍雅史（あべ・まさし）

1976年生まれ。東京文化財研究所文化遺産国際協力センター研究員。
英国リヴァプール大学博士課程修了。1997年より、シリア、ヨルダン、イラン、
バハレーン、キルギス、アフガニスタン、カンボジアなどで考古学調査と
文化遺産保護に従事。共編著に『世界遺産パルミラ 破壊の現場から
シリア紛争と文化遺産』（雄山閣）、『イスラームと文化財』（新泉社）がある。

執筆協力 岡崎秀（おかざき・ひで）

英仏翻訳家、ライター。慶応義塾大学文学部仏文科卒。
映像翻訳、英仏語でのインタビューもこなす。
訳書に『一〇〇年前の世界一周』『ビジュアル年代表で読む 西洋絵画』
（日経ナショナル ジオグラフィック社）などがある。

ナショナル ジオグラフィック協会は1888年の設立以来、研究、探検、環境保護など1万4000件を超えるプロジェクトに資金を提供してきました。ナショナル ジオグラフィックパートナーズは、収益の一部をナショナルジオグラフィック協会に還元し、動物や生息地の保護などの活動を支援しています。

日本では日経ナショナル ジオグラフィック社を設立し、1995年に創刊した月刊誌『ナショナル ジオグラフィック日本版』のほか、書籍、ムック、ウェブサイト、SNSなど様々なメディアを通じて、「地球の今」を皆様にお届けしています。

nationalgeographic.jp

消滅遺産

もう見られない世界の偉大な建造物

2018年2月26日　第1版1刷
2022年3月25日　　　4刷

編著	ナショナル ジオグラフィック
監修	安倍雅史
執筆協力	岡崎秀
編集	尾崎憲和　葛西陽子
デザイン	三木俊一（文京図案室）
発行者	滝山晋
発行	日経ナショナル ジオグラフィック社 〒105-8308 東京都港区虎ノ門4-3-12
発売	日経BPマーケティング
印刷・製本	加藤文明社

ISBN978-4-86313-412-6
Printed in Japan

乱丁・落丁本のお取替えは、こちらまでご連絡ください。
https://nkbp.jp/ngbook

© Nikkei National Geographic 2018
© Masashi Abe 2018
© Hide Okazaki 2018
©日経ナショナル ジオグラフィック社 2018
本書の無断複写・複製（コピー等）は著作権法上の例外を除き、禁じられています。購入者以外の第三者による電子データ化及び電子書籍化は、私的使用を含め一切認められておりません。
NATIONAL GEOGRAPHIC and Yellow Border Design are trademarks of the National Geographic Society, under license.